W0357229

Va vers la lumière, mon fils

J'AI LU

Chris Oyler

avec la collaboration de
Laurie Becklund et Beth Polson

Va vers la lumière, mon fils

Mort du sida à neuf ans

Préface de Daniel Bilalian

traduit de l'américain
par Philippe Rouard

Éditions J'ai lu

Cet ouvrage a paru sous le titre original :

GO TOWARD THE LIGHT

© 1988 by the Polson Company and
Grant Oyler and Chris Oyler
Publié avec l'accord de Harper & Row,
Publishers, Inc., New York

Pour la traduction française :
© Presses de la Cité, 1989

PRÉFACE

Comment ça va ? Une expression banale que l'on entend plusieurs dizaines de fois par jour, et à laquelle on répond toujours par un « Très bien, merci », même si cela n'est pas le cas.

Ce jour arriva pour la famille du petit Ben. Heureusement, cet après-midi-là, personne ne leur posa la question rituelle : Comment ça va ? Sinon, ils auraient répondu : « Ça ne va pas. Notre petit garçon de sept ans est atteint du sida et il va mourir. » En fait, ils n'auraient sans doute pas eu la force de répondre.

C'est une terrible histoire que nous racontent les parents de cet enfant hémophile contaminé par le virus encore aujourd'hui mortel à plus ou moins brève échéance.

Dans ce livre témoignage, ils nous confient ce que fut leur vie pendant ces deux années d'agonie ; une famille américaine comme beaucoup d'autres, heureuse, autant que l'on peut l'être. Plusieurs enfants, et puis soudain, le drame.

Le jour où la maman a appris que son enfant était condamné, son regard s'est arrêté sur un coin de moquette de la salle d'attente de l'hôpital, sur une poignée de porte ou sur le bout de ses chaussures.

Lorsqu'un drame survient, contrairement aux héros de roman ou de cinéma, on n'est pas à la hauteur, les phrases, les gestes ne sont pas à la dimension de l'événement. On pense à tout et à rien à la fois, et l'on se demande banalement pourquoi nous, pourquoi lui, pourquoi un enfant innocent.

Dans ce récit, on suit jour après jour, heure par heure, minute par minute, l'avancée de la maladie et la vie qui continue. Et l'on se dit que chaque jour, il nous arrive peut-être de croiser des hommes, des femmes, des enfants condamnés à mort et qui malgré tout ne s'arrêtent pas de vivre aussitôt. Ils se lavent, ils s'habillent, ils parlent de choses et d'autres, par habitude. Le papa et la maman de Ben, comme tous les parents du monde, sont d'abord incrédules avant d'être désespérés.

On peut expliquer à un homme, à une femme, à des adultes qu'ils vont mourir, car à partir d'un certain âge on pense à la fin de sa vie. Mais un enfant de sept ans est immortel. Le mot « mort » ne représente rien pour lui. Et c'est pour cette raison que jusqu'à la fin le petit Ben se montrera plus raisonnable et plus lucide que « les grands » qui l'entourent. Pour lui, la mort n'est pas la fin de la vie mais peut-être le sommeil qui va l'empêcher de souffrir.

Ce document, au-delà du drame personnel, est aussi un témoignage intéressant sur l'attitude des autres par rapport à ceux qui sont atteints de ce mal qui sème la terreur. Le sida, cette peste du XXe siècle, fait peur et provoque des réactions irraisonnées. Les portes de l'école se ferment devant le petit Ben, ses amis le rejettent — avant de lui revenir parfois. Mais peut-on blâmer, sans s'interroger, ceux qui agissent ainsi ?

Tout au long de cette attente terrible de l'inexorable, nous suivons pas à pas la vie quotidienne d'une famille qui, du mieux qu'elle peut, fait en sorte que l'existence quotidienne ne soit pas un cauchemar. Quelques semaines avant la fin, les bougies du gâteau du neuvième anniversaire de Ben lui donnent encore quelques instants de bonheur.

Mais dans cette vie partagée avec un petit condamné à mort, les moments de rancune sont perpétuellement à fleur de peau. Comme certains survivants des camps de la mort, cette famille américaine aurait pu dire — elle l'a peut-être pensé — que Dieu n'existe pas, qu'il ne permettrait pas cela... Au contraire, ce papa et cette maman essayent d'accompagner leur enfant vers la mort en lui laissant espérer qu'au bout du tunnel il y a un mince filet de lumière qui le guidera vers l'au-delà.

Pour autant, le courage de ce couple américain ne nous est pas livré comme un exemple. Chacun, face au malheur, réagit à sa façon, simplement. Cet homme et cette femme nous confessent ce que fut leur vie pendant ces deux années. Ils ne nous cachent rien de leurs instants dramatiques, mais aussi de leurs rires égoïstes, qui les ont aidés à tenir.

L'expérience des uns ne sert pas aux autres, sinon que d'erreurs évitées ! De même, le malheur des uns n'aide pas les autres. Mais il permet sans doute de mieux comprendre les ressources de l'âme humaine.

A neuf ans et quelques semaines, Ben est mort dans les bras de sa mère, dans un geste maternel et dérisoire à la fois, mais que pouvait-elle faire d'autre ?

Daniel BILALIAN

1

« *Les familles sont éternelles* »

Je me souviens de mon hébétude, à l'annonce que mon garçon de sept ans allait mourir.

C'était si... si inconcevable. Il n'aurait donc vécu que quatre-vingt-quatorze mois ? N'aurait jamais conduit d'automobile ? Ne serait jamais allé à un bal de fin d'année au collège ? N'aurait jamais été papa, et ne le serait jamais ?

Jusqu'ici, la mort m'était restée une notion en quelque sorte... étrangère. Brusquement, elle faisait irruption dans notre vie.

Les paroles du médecin se fondaient dans un bourdonnement assourdissant qui m'emplissait les oreilles, comme si mille néons avaient grésillé au-dessus de ma tête.

J'eus l'impression que la Terre s'était arrêtée un instant de tourner autour de son axe. Je me souviens d'avoir trouvé bizarre, anormal, que le monde continue de vivre comme si de rien n'était. Les feux de signalisation changeaient de couleur aux carrefours avec la même régularité. Les oiseaux dans les branches devant la fenêtre pépiaient comme à l'accoutumée. Les gens riaient et poursuivaient leurs tâches quotidiennes. La vie continuait.

Quand vous apprenez qu'un être cher va mourir, c'est comme si le temps marquait une pause. Et une fois qu'il reprend sa course, rien n'est plus comme avant. Votre voix est celle d'une étrangère. Votre regard s'attarde à quelque détail qu'auparavant vous auriez négligé. Une poussière sur le verre des lunettes du médecin. Une tache de couleur parmi d'autres sur le sol.

Et dans les jours et les semaines qui suivent, les gestes et les tâches qui ordonnaient votre quotidien semblent vous échapper soudain. Et quand la personne promise à la mort est votre enfant, vous savez que vous ne vous en remettrez jamais complètement. La douleur jamais ne vous quittera.

On est d'une certaine façon préparé à la disparition de quelqu'un de plus âgé, d'un parent, voire d'un conjoint. Mais pas à la mort d'un enfant. Celle-ci vous semble beaucoup plus... disons, injuste.

Au début, nous attendîmes un miracle. Une révision du diagnostic. Une guérison. Une intervention divine... quelque *deus ex machina* descendant sur Terre pour y arranger toutes choses...

A la fin, ce fut Ben lui-même qui nous fit savoir qu'il n'y avait pas de miracle, pas d'opération magique. Oui, il allait mourir, et, comme lorsqu'il fit ses premiers pas, ou monta pour la première fois sur une bicyclette, ou connut son premier jour de classe, il avait besoin que nous le guidions. Pourquoi en aurait-il été autrement ?

Nous devions aider Ben à affronter la mort. Sans douleur. Sans peur. Et tout au bout, sans nous. Nous pourrions lui tenir la main jusqu'à la porte de la mort, mais il serait seul à la franchir. C'est là l'épreuve la plus difficile et la plus douloureuse que jamais père et mère aient à subir... préparer un enfant à la mort et enfin lui donner la permission de mourir, comme au temps où, encore plein de vie, on lui donnait celle de sortir jouer dans le jardin.

Avant que survienne ce dernier moment, je voulais que notre famille suive pas à pas Ben dans son éphémère mais précieux voyage.

Mais comment aider à mourir quelqu'un que l'on aime ? Comment pourrais-je, moi, la mère, trouver la force de perdre mon premier-né ? Comment Grant, mon mari, accepterait-il son impuissance à empêcher que Ben meure ? Et comment mes deux autres garçons, Beau, cinq ans, et Aber, trois ans, vivraient-ils la disparition de leur héros ? Je n'étais sûre que d'une chose : nous devions lutter ensemble.

Nous puisâmes notre force et notre espoir dans les paroles d'une chanson que nous chantions souvent à la maison. Ben les connaissait par cœur et les chantait toujours à tue-tête : « Families Are Forever*. »

En ce mois de mai 1985, cela faisait près de dix ans que Grant et moi étions mariés. Nous avions

* « Les familles sont éternelles. »

traversé toutes les épreuves et les difficultés de tout jeune couple désireux de fonder une famille, mais nous n'avions jamais connu la tristesse ni le chagrin.

Nous habitions un modeste duplex à Carmel, en Californie. Nous avions trois petits garçons, et le sentiment que notre amour grandissait en même temps que notre famille. Nous n'avions jamais eu le temps de méditer sur le bonheur ; nous le vivions.

Grant travaillait dur toute la semaine. Presque chaque dimanche, en rentrant de la messe, nous allions pique-niquer dans le parc de la résidence. Juste Grant, moi et les garçons. Nous étions tellement heureux ! Parfois, quand il faisait très chaud, après manger, nous faisions la sieste à l'ombre d'un arbre.

A la différence d'autres personnes qui économisaient pour s'acheter une voiture neuve ou un logement plus grand, Grant et moi mettions de l'argent de côté pour des voyages en famille, des excursions au bord de la mer, dans le désert, en montagne. Parfois nous campions ou séjournions chez des parents. Grant et moi avons grandi en Californie, et nous venons tous les deux de familles nombreuses, six enfants dans celle de Grant, quatre dans la mienne.

Quand je regarde en arrière, maintenant, comme ces moments me paraissent joyeux et insouciants ! Notre seul désir était d'être ensemble. Nous commencions à peine à bâtir notre famille, nous commencions à peine à jouir de la vie. Nous étions innocents, naïfs, simples.

Ce fut à la paroisse que je fis la connaissance de Grant. Il avait vingt et un ans, et moi dix-neuf. Ma mère nous présenta.

Je me souviens de l'avoir trouvé extrêmement séduisant. J'aurais aimé avoir des cils aussi longs que les siens. Il était bronzé, bien bâti, mais terriblement timide. J'avais été *cheerleader** au collège et j'étais d'un naturel expansif. Quand nous avons commencé à nous fréquenter, c'était surtout moi qui faisais la conversation.

Nous assistions à des matches de base-ball, allions au cinéma et arpentions des heures durant les terrains de golf, sport pour lequel Grant avait une véritable passion. C'était un joueur excellent, et j'étais convaincue qu'il n'aurait jamais fréquenté le collège s'il n'y avait joué dans l'équipe de golf.

Grant voulait devenir joueur professionnel. Le projet m'enthousiasmait. Je me voyais accompagner mon célèbre mari de tournoi en tournoi à travers le monde.

Ce fut au cours d'une de nos promenades sur le terrain de golf de San Clemente, en Californie, où nous vivions, que Grant et moi avons parlé pour la première fois de fonder une famille. Une famille selon nos vœux. Nous voulions huit enfants. Quatre garçons et quatre filles. Notre premier-né, un garçon, s'appellerait Benjamin. Dans l'euphorie de ces projets de jeunesse, nous étions convenus que ce serait moi qui m'occuperais des enfants jusqu'à ce qu'ils aient atteint

* Meneuse de claque.

l'âge de douze ans. Grant prendrait alors la relève, afin que je puisse me consacrer entièrement à mon goût pour les arts.

Bizarrement, même en ces temps d'insouciance j'avais terriblement peur de perdre un enfant. Lorsque nous en parlâmes, Grant et moi, je lui dis que c'était la seule chose que je ne pourrais jamais supporter.

En gage de fidélité, Grant m'offrit un beau cahier relié, à la première page duquel il avait écrit à l'intention de nos futurs enfants :

Aujourd'hui j'ai offert à votre maman une bague de fiançailles. J'espère qu'un jour vous éprouverez le même amour que votre mère et moi nous nous portons et que toujours nous vous témoignerons.

Depuis ce jour, j'ai toujours rapporté dans ce journal les événements de notre vie, notre joie à chacune des naissances de nos trois enfants.

Ben naquit deux ans après notre mariage. Jamais je ne m'étais sentie aussi proche d'un être humain, jamais je n'avais éprouvé de lien aussi fort que celui qui m'attachait à mon enfant.

Mais ce fut également avec la naissance de Ben que j'appris que j'étais porteuse du gène responsable de l'hémophilie. Ce sont les femmes qui en sont porteuses. Et les hommes qui en héritent. Mon frère Scott était hémophile, et Ben naquit ainsi. Cela signifiait également que mes autres enfants présenteraient la même maladie héréditaire. De sexe masculin, ils auraient cinquante pour cent de risques d'être hémophiles ; de sexe féminin, la même probabilité d'être porteuses du gène.

Malheureusement, les lois de l'hérédité voulurent que nos trois enfants, Ben, Beau et Abraham — Aber en diminutif — naissent tous hémophiles.

Pour la plupart des gens, l'hémophilie est une incapacité du sang à se coaguler, et la moindre coupure, la moindre blessure entraîneraient une hémorragie incoercible. C'est exact, mais bien plus dangereux sont les traumatismes internes et les saignements qui peuvent en dériver. La maladie consiste en un déficit congénital de facteurs de la coagulation, qui sont le facteur VIII ou A, pour l'hémophilie A, de forme grave, et le facteur IX ou B, pour l'hémophilie B, de forme modérée. Devant une hémorragie chez un hémophile, on doit d'abord corriger l'anémie par transfusions si la déperdition sanguine est importante, ensuite injecter le facteur manquant de la coagulation : facteur VIII pour l'hémophilie A, IX pour l'hémophilie B. L'hémophilie est une maladie qui, du moins aujourd'hui, permet à ceux qui en sont atteints de mener une vie relativement normale.

J'avais appris tout cela au contact de mon frère Scott. Pour Grant, la chose était aussi nouvelle qu'effrayante. Et c'est avec une émotion particulière et une affection accrue que je le vis faire face courageusement et apprendre rapidement à administrer aux garçons leurs injections de facteur VIII, à chaque fois que le besoin s'en faisait sentir.

C'était une grande joie pour moi de voir Grant s'épanouir comme père. Il était le papa que tout enfant aurait aimé avoir. Rien ne lui faisait davantage plaisir que de passer son temps avec les garçons. Quand Ben eut trois ans, Grant lui offrit une panoplie miniature de joueur de golf.

Ben ne tarda pas à faire preuve d'un joli frapper de balle, et ses swings expédiaient les balles dans tous les coins du jardin avec une précision qui ravissait son père, qui se prit à espérer que peut-être un futur professionnel était né dans la famille Oyler.

Grant avait abandonné ses propres ambitions de joueur peu de temps après notre mariage. Je me rappelle parfaitement en quelles circonstances. Un jour, Grant demanda à l'un des joueurs qu'il était venu voir jouer à l'occasion d'un tournoi à quoi ressemblait la vie d'un professionnel. Le gars lui répondit qu'il fallait d'abord trouver un sponsor, puis accepter d'habiter dans une caravane de façon à pouvoir suivre toutes les rencontres à travers le pays avec l'espoir de bien se placer à chaque fois afin de toucher un peu d'argent. Bref, que les bons joueurs étaient nombreux, la compétition acharnée, et les résultats et les récompenses incertains.

Cette description ne correspondait pas tout à fait à ce que Grant et moi-même avions rêvé. Nous en conclûmes très vite que ce n'était pas là le genre d'existence que nous voulions pour notre famille, et Grant trouva par l'intermédiaire de son père un travail dans une compagnie d'assurances. Cela ne dura pas. Grant n'était pas fait pour le démarchage.

Pas de golf, pas de porte-à-porte. Alors, que faire ? Grant ne savait pas trop. Un de mes amis du collège lui suggéra de créer sa propre entreprise, et Grant décida d'essayer.

C'est ainsi que nous vînmes à Carmel et que Grant mit sur pied sa propre affaire : une petite entreprise d'installation de cuisines et de sanitaires. J'en dessinai moi-même le sigle, et Grant loua un espace au premier étage d'une grande quincaillerie dans le centre-ville de Carmel.

Mais démarrer une affaire n'était pas chose facile. Aussi Grant et moi n'avons-nous pas hésité à partir à Park City dans l'Utah, quand il eut décroché un contrat de quatre mois sur un important chantier.

On était en hiver. Nous inscrivîmes Ben et Beau dans une merveilleuse petite école, et ils découvrirent pour la première fois la neige et le ski. Aber était encore si petit qu'une fois emmitouflé dans ses vêtements il allait se dandinant comme un pingouin.

Après ces mois de neige, il nous fallut quelque temps pour nous réacclimater à Carmel, en janvier 1984. Grant travailla beaucoup pour se faire un nom dans le métier. Je l'aidais de mon mieux pour la comptabilité et les tâches annexes. Ben et Beau durent oublier leurs petits camarades de Park City et commencer le second semestre dans un établissement de Carmel.

Le changement fut particulièrement dur pour Ben. Il avait beaucoup aimé l'institutrice de Park

City. Elle était jeune et chaleureuse et savait mettre en confiance ses élèves. A Carmel, sa nouvelle institutrice était gentille mais plus distante. Et il était le seul nouveau dans la classe. Chaque jour, à l'arrivée du car de ramassage scolaire, il manifestait une réticence qui finit par m'inquiéter. Il était manifeste qu'il avait du mal à s'accoutumer à ce changement.

Aussi, quand arrivèrent les vacances de Pâques, Park City nous parut tout désigné pour y emmener les enfants. Ils pourraient y revoir leurs camarades, et nous en profiterions tous pour faire du ski.

Mais je ne voulais pas seulement que ce soient des vacances. Je voulais que ce soit l'occasion pour notre petite famille d'être ensemble, d'être réunie à la manière de ces réunions annuelles qu'entretenait avec ferveur la famille de Grant.

Il faut dire que ces réunions des Oyler, c'était quelque chose. Ils étaient quatorze cousins, à présent. Ben était le plus âgé (le « chef de bande », disait-on de lui), et tous attendaient avec impatience ce rassemblement.

J'avais appris de mon mariage avec Grant combien pouvait être important le soutien d'une famille, dans les peines comme dans les joies. Les familles, quand elles sont unies, constituent le meilleur soutien aux jeunes gens désireux de fonder à leur tour une famille.

C'est ce que j'aurais aimé trouver dans ma propre famille, les Eckholdt. Mais le problème n'était pas simple. Mes parents avaient divorcé quand j'avais vingt ans. Et, selon nos tempéraments et nos caractères, nous avions grandi séparément de bien des façons. J'étais restée très proche de ma mère, beaucoup moins de mon père. Je voyais souvent mon frère Steve, et même mon frère Scott. Mais mon grand frère Randy me manquait beaucoup. Il vivait maintenant dans l'Arizona, avec sa femme, Jayne, et leurs deux filles.

Mes garçons ne connaissaient même pas les filles de Randy, Kimmie et Paige. Celles-ci n'avaient passé que peu de temps avec ma mère et Ralph à Los Angeles. Ralph Evans était mon beau-père. Mais surtout il était maintenant grand-papa Ralph, un grand-père comme je n'aurais pu en souhaiter de meilleur pour mes garçons.

Le projet de tous nous réunir n'était pas facile. Chacun avait ses obligations professionnelles, sans compter certaines réticences d'ordre affectif à vaincre. A la dernière minute, Scott ne pouvait quitter Boston. Finalement nous pûmes réserver une location à Park City où nous pourrions loger tout le monde. Nous étions prêts au départ.

J'étais enthousiaste, et légèrement inquiète.

Grant descendit du grenier nos équipements de ski, et chacun voulut essayer ses affaires, comme si deux mètres de neige étaient tombés dans notre salon.

— Regardez-nous, on fait du slalom! s'écriaient Beau et Ben en zigzaguant entre les meubles.

— Tu te souviens de ces rigolades quand on les voyait dégringoler les pentes ? me demanda Grant.

— Oui, même Aber descendait schuss... enfin sur le ventre ! dis-je.

— Moi, j'aimais surtout quand il s'arrêtait ! dit Ben. Il se laissait tomber sur le côté !

Au même moment, Aber, qui avait chaussé ses petits skis, voulut se tourner et chuta lourdement sur le flanc.

Nous éclatâmes de rire. Un rire qui tourna vite au fou rire. N'avait-on pas l'air idiot, nous cinq, avec nos bonnets de montagne, nos gants, nos anoraks et nos lourdes chaussures dans ce salon où il régnait une douce chaleur !

Arriver à coucher les garçons ce soir-là fut une véritable épreuve. Quand ils furent enfin au lit et tranquilles, je demandai à Grant :

— Penses-tu que je pourrai skier sans danger ? Je me sens drôlement serrée dans ma combinaison.

— Oui, pas de problème si tu restes sur les pentes pour débutants. Mais je ne te conseillerais pas la piste noire...

J'étais enceinte de trois mois. Mais nous n'en avions encore parlé à personne. Nous voulions garder cela secret pour le moment.

Le lendemain matin, nous partîmes avant le jour, comme nous le faisions toujours pendant les vacances, afin de voir le soleil se lever sur la route. L'arrière du van était encombré de sacs, de skis et de trois garçonnets encore endormis dans leurs couvertures. Je me souviens d'avoir pensé alors combien j'aimais cette vie de famille bien remplie et joyeuse.

J'ai toujours éprouvé un merveilleux bien-être

durant les premiers mois de mes grossesses. Et ce sentiment était alors plus fort que jamais, tandis que je me réjouissais de revoir tous ceux de ma famille qui avaient pu répondre à notre invitation à Park City.

J'aimerais pouvoir dire que ces retrouvailles furent aussi chaleureuses que je les avais souhaitées. Mais cela faisait si longtemps que nous n'avions été ainsi réunis, et ce premier soir le contact fut réservé. Nous avions l'impression de marcher sur des œufs.

Le lendemain j'avais promis à Beau et à Ben de les emmener dans leur ancienne école. Plus de quatre mois avaient passé depuis notre départ de Park City, mais les enfants n'avaient rien oublié. L'institutrice de Ben l'accueillit avec chaleur, et les élèves l'acclamèrent quand il entra dans la classe.

Plus tard, alors que nous repartions de l'école, il se mit à neiger.

Le lendemain matin, il faisait un temps superbe. Le ciel était d'un bleu intense, et les arbres ployaient sous la neige. Je couvris chaudement Aber et emmenai les garçons en classe de neige. Ben et Beau avaient déjà leurs skis aux pieds, et Ben montrait à Beau comment planter ses bâtons afin de ne pas glisser sur la pente.

Steve était un bon skieur, et Grant et lui s'en furent sur les pistes pour glisseurs confirmés, tandis que je restai en compagnie de Randy. C'était difficile à croire, mais c'était la première fois que je me trouvais seule avec lui depuis le collège. A cette époque, Randy était le grand frère que j'avais toujours admiré et aimé. Puis nous nous étions éloignés l'un de l'autre, avant même que nos vies nous séparent.

Prudemment, j'entrepris de savoir ce qu'il ressentait maintenant, s'il se souvenait des bons moments que nous avions connus ensemble quand nous étions petits.

— Tu te souviens, dis-je alors que nous remontions une pente sur un télésiège, des fois où tu te déguisais en cow-boy ? Tu enfilais des gants tellement grands pour tes mains que tu n'arrivais jamais à dégainer ton colt !

— Oui, je m'en souviens, dit-il en riant.

Je trouvais cela un peu stupide, de remuer ces souvenirs d'enfance, mais en même temps il était plus facile de parler du passé que du présent. Du moins pour le moment. L'essentiel était de renouer le dialogue.

Dans l'après-midi, en revenant de skier, on se retrouva tous devant le feu à boire du chocolat. Et puis Ben expliqua à Kimmie comment se fabriquer une luge avec une caisse en carton et un sac-poubelle. Kimmie, qui n'avait jamais vu beaucoup de neige, était impatiente de sortir et d'essayer les luges maison de Ben.

Un moment plus tard, nous sortîmes tous sur la terrasse pour les voir s'amuser. Le froid leur rougissait les joues. Ils avaient ces visages colorés d'enfants qu'on voit sur les boîtes de cornflakes. Beau avec ses taches de rousseur. Ben et son sourire contagieux. Aber avec ses petits yeux pétillants.

Ils semblaient tellement sains, pleins de vie !

Beau et Ben étaient de vrais petits athlètes. Beau adorait le football. Ben faisait déjà des parcours de golf à neuf trous. Mais ce qu'il aimait le plus, c'était la danse, le rap. On ne pouvait aller nulle part, même dans un magasin, sans qu'il se mette à tournoyer sur le dos, comme une toupie. Il aimait ça.

Le dernier jour de nos vacances commença comme tant d'autres lorsque nous étions petits... Ma mère établissait sa liste de commissions.

— Je vais faire des courses, annonça-t-elle. Que voulez-vous pour dîner ?

— Des ailes de poulet ! cria Ben.

— Ouais, des ailes de poulet ! renchérit Beau.

Chaque mère a une recette ayant la faveur de ses enfants. La mienne s'était fait une spécialité des ailes de poulet marinées. Et, bien que je suivisse scrupuleusement sa recette, Ben semblait toujours préférer la façon « grand-maman ».

Aussi trouva-t-on bizarre, au dîner, qu'il boude son assiette.

— Tu n'as pas faim, Ben ? demanda Grant.

— J'ai mal au ventre, répondit-il en me regardant.

— C'est parce qu'il a mangé un hot-dog et la moitié du mien tout à l'heure, dit Beau.

— Tu as envie de vomir ? demandai-je.

— Non, ça me fait mal, c'est tout.

— Il couve peut-être une grippe, avança ma mère.

Cela aurait pu être n'importe quoi. Mais je

m'inquiétais tout de même, car nous rentrions à Carmel. L'école reprenait, et Ben détestait manquer un jour de classe.

Ce soir-là, quand il fut l'heure d'aller au lit, Aber grimpa sur les genoux de son grand-père et lui demanda de lui raconter une histoire. Beau et Ben s'installèrent sur le canapé à côté d'eux, puis Kimmie et la petite Paige rejoignirent timidement les garçons. Immobiles, les yeux brillants, ils écoutèrent leur grand-père leur lire une histoire. Je sus alors combien cette réunion familiale avait été un succès. Il y avait encore pas mal de chemin à faire, mais ce voyage me semblait marquer le début d'une nouvelle unité familiale.

Les vacances se terminèrent, mais pas les maux d'estomac de Ben. Pendant tout le trajet du retour à Carmel, Ben souffrit de diarrhée. Inquiète, j'appelai dès notre arrivée le docteur Penn, notre médecin de famille.

Le docteur Penn saurait quoi faire. Il avait suivi mes trois garçons depuis leur naissance. Il ne ressemblait guère à un médecin avec ses bottes de cow-boy et ses longs cheveux grisonnants, mais c'était un homme profondément humain, qui prenait son temps avec les enfants, s'intéressait à leurs activités et tenait toujours compte de mon expérience de mère dans ses diagnostics.

Sa bonhomie et sa gentillesse avaient depuis longtemps séduit Ben, et il se fit un plaisir d'aller voir le « docteur ».

— Alors, Ben, qu'est-ce qui ne va pas ? demanda le docteur Penn le lendemain matin, quand il nous eut fait entrer dans son cabinet.

Après avoir pris connaissance des symptômes et examiné Ben, il diagnostiqua, sous toutes réserves, un parasite intestinal.

— Est-ce que Ben a bu de l'eau à une source dans la montagne ? demanda-t-il, essayant de trouver une explication.

En vérité, Ben avait bu à une source. Mais nous aussi. Or, il était le seul à être malade. Avions-nous eu simplement de la chance ? Le docteur Penn prescrivit un antibiotique et, pour ne rien négliger, fit un prélèvement sanguin. Nous aurions les résultats dans une semaine, nous assura-t-il.

Grant emmena Ben en classe les deux jours suivants. Le deuxième jour, juste au moment où il arrêtait la voiture, Ben se précipita dehors en direction des toilettes. Il n'eut pas le temps d'y parvenir et connut l'humiliation de vomir devant deux fillettes qui se trouvaient là.

— Dégueulasse ! s'écria l'une d'elles.

Quelques jours passèrent, sans que les antibiotiques semblent faire le moindre effet. Au contraire, les vomissements étaient plus fréquents, et la diarrhée s'aggravait.

Un dimanche, Grant devait partir après la messe à Los Angeles pour y chercher des carrelages. Il allait prendre congé de nous quand Ben se mit à pleurer. Il voulait aller avec son papa. Grant n'était pas sûr que ce fût une bonne idée, mais je lui fis remarquer que de toute façon Ben ne pourrait se rendre en classe le lendemain. Peut-être le voyage lui ferait-il du bien, tout au moins moralement. Ils s'en furent donc tous les deux.

Il ne leur fallait pas plus de six heures de route pour arriver à Los Angeles, et ce fut seulement quand le soir tomba, huit heures plus tard, que le téléphone sonna enfin.

— Chris, je suis inquiet, dit la voix de Grant. Ben est vraiment malade. Je ne pense pas qu'il s'agisse seulement d'un parasite.

Je connaissais Grant. Il y avait dans sa voix une note d'inquiétude qui m'alarma.

— Que s'est-il passé ? demandai-je.

— Il a eu la diarrhée pendant tout le voyage. Et il se plaint du ventre. On a dû s'arrêter toutes les vingt minutes. C'est pour cela que nous avons mis tant de temps.

— Grant, tu pourrais peut-être l'emmener aux urgences à l'hôpital le plus proche ?

— Ecoute, pour le moment il dort. Mais tu devrais demander au docteur Penn de nous recevoir demain, dès que nous arriverons. D'accord ?

— D'accord, si tu penses qu'on peut attendre jusqu'à demain.

— Oui, ça ira. Mais, Chris...

— Oui ?

— J'espère que tu ne m'en voudras pas, mais j'ai dit à Ben que tu attendais un bébé. Je pensais que cela lui ferait oublier ses misères. Et, tu sais, il était très content d'apprendre ça. Il m'a promis qu'il n'en parlerait à personne... pas même à Beau.

Moi aussi, j'étais heureuse que Ben se réjouisse de la venue d'un petit frère ou... d'une petite sœur.

Le lendemain matin, nous nous sommes retrouvés dans le cabinet du docteur Penn.

Le docteur fit de nouveaux prélèvements sanguins et nous dit qu'il appellerait l'hôpital Stanford pour leur demander ce qu'ils en pensaient. Il nous téléphonerait dès qu'il aurait du nouveau. Nous regagnâmes la maison. Ben était de plus en plus malade. Je ne savais que faire pour l'aider.

Dans l'après-midi, le docteur Penn nous appela. Il nous conseilla de conduire Ben à Stanford afin qu'il y subisse des examens plus approfondis.

— Nous le ferons dès demain, dis-je.

— Chris...

— Oui, docteur ?

— Je pense que vous feriez mieux d'y aller tout de suite.

Nous connaissions bien l'hôpital des Enfants, nous nous rendions chaque année au centre pour hémophiles. C'était un endroit chaleureux, clair, californien. Il y avait des patios et des aires de pique-nique. Les infirmières n'y portaient pas d'uniformes mais leurs vêtements de ville.

Cette fois, hélas, nous n'y venions pas pour un simple bilan de santé.

Ben avait perdu sept kilos en deux semaines. Il pesait moins que son petit frère de cinq ans. Il rendait tout ce qu'il mangeait. Outre les vomissements et les diarrhées, il avait développé une éruption cutanée.

Je me demandais comment mon petit garçon

allait tenir le coup. Je voulais seulement qu'il n'ait plus mal. J'arrivai à Stanford, terriblement inquiète.

La première chose que firent les médecins fut d'ordonner de nouvelles analyses de sang. Puis l'un d'eux nous suggéra de rentrer chez nous.

— Nous n'aurons pas les résultats des tests avant un certain temps, me dit-il.

Rentrer à la maison ? Il n'en était pas question. Cela faisait maintenant deux semaines que je voyais l'état de Ben s'aggraver d'heure en heure. Et il n'y avait rien, absolument rien, que je puisse faire pour lui. Je ne pouvais pas... je ne voulais pas... le ramener à la maison.

— Non, protestai-je, nous ne pouvons pas repartir et attendre encore et encore. Cela fait une semaine que nous sommes dans l'attente de résultats. Le docteur qui suit Ben depuis sa naissance nous a conseillé de venir ici, et ce n'est pas pour en repartir comme nous sommes venus.

Les médecins furent-ils sensibles au désespoir qui perçait dans ma voix ? Toujours est-il que, l'instant d'après, on nous faisait franchir les doubles portes d'une chambre d'isolation. « Une chambre privée, pensai-je. Nous avons de la chance. » Je remarquai qu'il y avait un cabinet de toilette particulier et trouvai cela naturel.

Pendant les deux semaines suivantes, Ben subit toute une série d'analyses : sang, toujours, mais également selles, urines. Je n'avais jamais rencontré autant de médecins dans ma vie. Comme Stanford accueillait les étudiants en médecine de troisième cycle, il y avait toujours autour de chaque chef de service une demi-douzaine d'internes, sans parler des infirmières.

Au début, je trouvais cette activité rassurante. Certainement, je n'allais pas tarder à savoir de quoi souffrait Ben. Mais il semblait que les analyses déjà effectuées fussent insuffisantes, car on procédait sans cesse à de nouveaux examens, de plus en plus complexes, de plus en plus douloureux : scanner, ponction sternale pour les prélèvements de moelle osseuse.

Ben n'osait broncher. Il avait peur, terriblement peur. Je faisais tout mon possible pour lui soutenir le moral. Je lui lisais des contes, jouais à des jeux avec lui, mais le plus souvent je restais à côté de lui sur son lit à lui masser doucement le ventre. C'était la seule chose qui semblait le soulager, et le toucher, sentir sa chaleur me faisait personnellement du bien.

La seule fois où je le vis sourire, ce fut à l'occasion d'un nouveau prélèvement sanguin. Alors qu'il tendait le bras pour l'intraveineuse, il imita la voix d'Aber.

— Sois coura*zeux*. Sois coura*zeux*.

C'était une phrase que Grant et moi avions coutume de dire aux enfants lors de leurs injections de facteurs coagulants. Mais cela était devenu une plaisanterie entre nous, après qu'un dimanche, à l'église, Aber, qui n'avait que deux ans, m'eut tiré les cheveux. Comme je poussais un petit cri de douleur, Aber me lança de sa petite voix :

— Sois coura*zeuse*. Sois coura*zeuse*.

L'humour avait toujours été notre arme dans

ces instants toujours pénibles qu'étaient les injections de coagulants.

Cela faisait maintenant deux semaines que Ben était hospitalisé, et son état avait empiré. Il était en permanence sous perfusion. Et les symptômes semblaient se multiplier. Sa muqueuse buccale était toute blanche, et il avait un ganglion très important dans le cou.

Les médecins étaient sûrs de deux choses : un, Ben était affecté d'un virus ou d'un parasite ; deux, pour une raison qu'ils ignoraient ou qu'ils me cachaient, son système immunitaire ne réagissait pas.

Vendredi, me promirent-ils, nous aurions les résultats des derniers examens envoyés à Atlanta.

L'attente nous parut interminable. Beau et Aber étaient partis chez les grands-parents de Grant. Grant se faisait remplacer quatre heures par jour dans son travail, et il pouvait ainsi passer de longues heures le soir avec Ben et moi. Dans la journée, je ne quittais l'hôpital que pour faire les courses indispensables.

Un jour, je rencontrai à l'hôpital une autre jeune mère avec laquelle je bavardai. Cela faisait cinq ans que son enfant était hospitalisé. Cinq années qu'ils procédaient à toutes sortes d'examens sans avoir découvert de quoi il souffrait !

— Cinq ans ! (Cela dépassait l'entendement.) Comment faites-vous ?

— Je me dis parfois qu'il vaut peut-être mieux rester dans l'ignorance que de savoir, me répondit-elle. Regardez autour de vous. La plupart des enfants qui sont ici meurent lentement, certains d'un cancer, d'autres de leucémie. Nous avons de la chance, en un sens.

Je ne pouvais être d'accord avec elle. Je trouvais bien plus insupportable de ne pas savoir ce qui accablait Ben. De ne pas savoir quoi faire. De ne pas savoir quand ce cauchemar prendrait fin. Et si c'était la leucémie ? Les traitements récents permettaient désormais des rémissions variables, parfois même des guérisons. De toute façon, nous aurions une réponse vendredi.

Grant faisait son possible pour terminer l'un de ses chantiers afin d'être avec moi à Stanford pour prendre connaissance des résultats. Mais quand vendredi arriva, il me téléphona pour me dire qu'il risquait d'être en retard à notre rendez-vous.

L'œil sur la pendule, je ne pus m'empêcher d'espérer que Grant serait tout de même à l'heure. Hélas, Grant n'était pas là quand le docteur Bertil Glader, chef du service d'hématologie, me fit entrer dans un vaste bureau.

— Asseyez-vous, Chris, m'invita-t-il.

Il y avait là d'autres médecins, et je me souviens d'avoir trouvé bizarre qu'ils soient aussi nombreux pour m'annoncer une bonne nouvelle. Ce qu'ils avaient à m'annoncer avait manifestement fait l'objet d'une concertation. Je sentis la peur me gagner.

— Nous avons reçu les résultats, et certains sont concluants, commença de dire le docteur Glader. Il y a toutefois certains aspects que nous continuons d'analyser. Ben a effectivement un parasite, mais ce n'est pas exceptionnel dans des cas semblables.

« Des cas semblables ? » m'interrogeai-je.

— Il présente une inflammation de ganglion au niveau du cou. Nous ignorons la cause de cette adénopathie, mais elle semble réagir au traitement. Il présente aussi une grave candidose, ce muguet qu'on observe dans la bouche et la gorge. Là encore, le traitement donne des résultats. Mais ce genre d'affection peut avoir de graves conséquences, en particulier des difficultés respiratoires au cas où l'inflammation des muqueuses prendrait de l'ampleur. Pour l'instant, heureusement, ce n'est pas le cas.

Judie Lea, l'assistante du docteur Glader, profita de la pause que marquait le docteur pour me demander :

— Chris, préférez-vous attendre que Grant soit là pour entendre la suite ?

— Non, répondis-je. (Est-ce qu'ils pensaient que j'allais partir et continuer d'attendre ?) Je vous en prie, continuez.

— Avez-vous jamais entendu parler du syndrome d'immuno-déficience acquise ? me demanda le docteur Glader.

« Syndrome d'immuno-déficience acquise... » Je me répétai mentalement les mots. *« SIDA. Il parle du sida. »*

— Vous voulez dire que Ben a le sida ?

— Nous avons attendu les résultats de tous ces examens pour en être certains, Chris. Il n'est pas seulement séropositif, c'est-à-dire qu'il n'a pas seulement développé l'anticorps, mais le virus est présent. Ben a contracté le sida.

Soudain tout prenait un sens. La chambre isolée. Les examens envoyés à Atlanta. Ces infections, somme toute bénignes, que son corps ne parvenait pas à combattre. Tout cela me venait à l'esprit, alors même que le médecin poursuivait ses explications.

Ben avait pu être exposé au virus il y a longtemps, et celui-ci était resté latent jusqu'ici, disait-il. Le virus n'avait été identifié que deux ans plus tôt et, comme Ben avait sept ans, il était possible qu'il ait été contaminé alors qu'il n'était encore qu'un bébé.

En vérité, Ben avait subi au moins deux douzaines d'injections de facteur VIII par an. Et chaque transfusion contenait le sang d'environ deux mille donneurs. Cela voulait dire que Ben avait été en contact avec le sang de quarante-huit mille donneurs par an depuis sa naissance. L'un d'eux avait le sida. Nous avions dépendu de tous ces donneurs pour garder notre enfant en vie. Et maintenant, l'un d'eux venait de le condamner à mort.

J'entendis ma voix qui demandait des détails sur la maladie. Qui demandait quel pouvait être le traitement. Qui demandait tout et n'importe quoi, jusqu'à ce que le docteur Glader m'interrompe.

— Chris, comprenez-vous ce que cela signifie ?

— Oui, dis-je.

Naturellement, j'avais compris. Je savais,

comme tout le monde, que le sida était fatal. Mon fils allait mourir. Je parvins seulement à articuler :

— Pouvez-vous me dire combien de temps il lui reste ?

— Statistiquement, quatre-vingts pour cent des malades meurent dans l'année, répondit le docteur Glader. Je suis désolé de ne pouvoir vous en dire plus. Ben est le premier cas, ici, à Stanford.

— C'est mon premier aussi, dis-je. Mon premier-né.

Je les remerciai et acceptai de repasser les voir dans un moment, quand Grant serait arrivé. Je n'avais qu'une envie pour l'instant, c'était de quitter cette pièce où je venais d'apprendre que mon enfant était condamné.

« Un an... douze mois... Le temps d'un anniversaire... le temps d'un Noël... Un été... un automne... un hiver... un dernier printemps... » Les paroles du médecin résonnaient encore à mes oreilles. « Quatre-vingts pour cent des malades meurent dans l'année. »

J'avais besoin de toucher Ben. De sentir la chaleur de son souffle, d'entendre sa voix m'appeler maman, de voir son corps creuser le matelas. C'était un besoin semblable à celui que j'avais éprouvé à sa naissance, à chaque naissance. Toucher le corps de l'enfant, l'examiner, m'assurer qu'il était en vie, entier. En me hâtant, je serais auprès de lui avant que se répande la nouvelle que Benjamin Oyler était le premier cas de sida enregistré par l'hôpital des Enfants.

— B'jour, m'man, dit Ben comme j'entrais dans sa chambre.

Il regardait la télévision de son lit, complètement absorbé par un dessin animé. Absorbé comme il l'était toujours dans toutes les choses qu'il aimait. « Normal qu'il regarde la télé, me dis-je. Il est trois heures, l'heure des dessins animés. Il adore ça. Rien n'a changé. Tout est comme avant. Ils ont dû se tromper. » Je me penchai vers lui et l'embrassai sur le front, lui demandai s'il avait besoin de quelque chose. Il ne me répondit pas. Il ne répondait jamais quand il regardait un dessin animé. Bêtement, j'en conçus comme un fol espoir.

Je m'assis à côté de lui pendant un moment. Comme ses yeux étaient cernés sous la frange des longs cils ! Les cils de Grant. Son visage amaigri s'était allongé, sa bouche me paraissait plus large, ses dents plus fortes. Ses jambes pointaient sous le drap comme les piquets d'une tente.

« Ô Ben, pourquoi a-t-il fallu que ça tombe sur toi ? »

Je me levai et m'approchai de la fenêtre pour dissimuler mes larmes. Combien de mères avaient contemplé ce parking avant moi, cachant leur chagrin à l'enfant gisant derrière elles ? J'étais désormais l'une d'elles, l'une de ces mères qui savaient que tout espoir était vain.

Je me souvenais maintenant de cette conversation avec Grant, peu de temps avant notre mariage. J'avais dit alors que jamais je ne pourrais supporter de perdre un enfant, que j'en deviendrais folle, que je préférerais mourir moi-même. Et voilà que cela m'arrivait. Le pire de mes cauchemars devenait réalité.

« Je ne peux pas vivre sans toi, Ben. Je ne peux pas. J'ai passé presque huit ans pleine de toi. Que ferai-je si tu me quittes maintenant ? Toi et moi formons comme un puzzle. Si on enlève une pièce, l'image se décompose. J'ai deux autres garçons. Je vous aime tous trois avec une affection égale. Egale mais différente, car chacun de vous est différent. Ta différence, Ben, c'est que tu me ressembles. J'ai le sentiment que nous sommes faits de la même fibre. J'ai reconnu certaines de mes peurs dans les tiennes, et je me suis toujours efforcée de te donner la force de vaincre ce que je connaissais si bien. J'ai mis tant d'espoir en toi.

» Je me souviens du temps où tu n'étais qu'un tout petit enfant. Tu avais à peine deux semaines, et une fois j'ai passé toute une journée sur le lit à côté de toi, à m'émerveiller de ta venue au monde. Le soleil entrait par la fenêtre et tu regardais autour de toi comme s'il y avait encore un voile entre toi et le monde extérieur. Tu sortais à peine des mains de Dieu et je me suis demandé si tu pouvais encore entendre les anges.

» Les anges savaient-ils déjà que tu leur reviendrais bientôt ? Te l'ont-ils dit ?

» Je me souviens de mon émotion quand tu fis ton premier pas. Quand tu articulas ton premier mot. Quand tu trottinas pour la première fois jusqu'au jardin d'enfants, ton seau à la main.

» Tu es l'aîné, Ben. Est-ce Beau qui ira le premier au collège, qui fréquentera le premier une jeune fille, qui se mariera le premier ?

» Tu ne peux pas mourir, Ben. Pas maintenant. Tu ne peux pas mourir parce que je ne peux imaginer la vie sans toi. Si moi, qui t'ai donné la vie, ne peux concevoir ta mort, comment pourrais-tu mourir ? »

Je vis la camionnette de Grant passer dans l'allée et s'immobiliser sur le parking. Il fallait que je le voie tout de suite.

— Je reviens, marmonnai-je à Ben et je me hâtai vers Grant.

Mais j'avais les jambes tellement lourdes que j'avais l'impression de m'enfoncer dans une épaisse couche de neige.

Je voulais sentir les bras de Grant autour de moi. Lui seul pourrait me consoler, car son chagrin serait le mien.

Je courus les derniers mètres qui me séparaient de lui et me jetai contre lui. Je ne pouvais pas parler. Je ne pouvais pas trouver les mots.

— Qu'y a-t-il, Chris ?

Je me mis à pleurer.

— C'est le sida, Grant. Le sida...

Je vis à son expression qu'il n'était pas surpris. Depuis quand soupçonnait-il la terrible nouvelle ? Une semaine ? Deux ? Combien de carrelages avait-il posés, combien de kilomètres avait-il faits au volant de sa camionnette, seul avec ses peurs, épargnant ma douleur quelques jours de plus ?

Les yeux emplis de larmes, il me serra contre lui.

— Nous lutterons, Chris. Nous réussirons. J'ai beaucoup prié tous ces temps-ci. Je sais que nous... que tout ira bien.

Ensemble nous allâmes voir les médecins qui, quelques instants plus tôt, m'avaient annoncé la nouvelle.

— Toute maladie, surtout la varicelle, pourrait être fatale, dit le docteur Glader.

— Ben a déjà eu la varicelle, dis-je. Au moins est-il immunisé contre cela.

— Ben n'a plus de système immunitaire, m'entendis-je répondre.

Je continuai de poser question sur question. J'avais besoin de savoir, même le pire. Il le fallait, afin que Grant et moi nous sachions quoi faire.

Ils me répondirent qu'ils commenceraient par traiter les symptômes tout en s'efforçant de compenser la déficience immunitaire. L'inflammation du ganglion semblait stabilisée pour le moment par le traitement. Quant à la candidose, les pulvérisations d'antifongiques donnaient quelques résultats. Ben n'aimerait pas ça, me dirent-ils, mais il devrait s'y faire. Quant au parasite intestinal qui causait tant de mal, ils me dirent qu'ils essaieraient un nouveau médicament canadien.

Grant et moi leur demandâmes tous les renseignements possibles concernant les médicaments, car si nous apprenions à les administrer correctement, nous pourrions, avec leur accord, emmener Ben chez nous. Cette perspective m'était d'un réconfort immense.

Nous retournâmes voir Ben tout de suite après l'entretien avec les médecins.

— Comment ça va, Ben ? demanda Grant en l'embrassant.

— Ça va.

— C'est l'heure de dîner, Ben. Tu ne veux pas manger quelque chose ? Dis-moi ce qui te ferait plaisir, et maman et moi irons te le chercher...

— Pas maintenant, papa. Merci.

Ben ne savait pas que nous avions vu les médecins, et nous ne lui dîmes rien. Ni Grant ni moi ne nous sentions capables d'affronter pareil problème ce soir-là. J'étais comme brisée. J'avais dormi pendant toute la semaine sur un divan dans la chambre de Ben. Mais les nuits n'étaient qu'une longue série d'allées et venues des toilettes à son lit, et je n'avais pu trouver le repos. Cette nuit, Grant allait rester avec Ben. Je restai encore pendant un moment avec eux, puis je leur souhaitai bonne nuit et gagnai seule le foyer Ronald McDonald. C'était la première fois que je quittais le chevet de Ben.

Le foyer est une espèce de dortoir sur le site de l'hôpital, où les familles des patients peuvent louer pour cinq dollars une chambre pour la nuit. Il y a dans le hall de réception un bel arbre de bronze dont les feuilles portent gravés les noms des enfants décédés. Les murs sont peints de couleurs gaies, et cependant les lieux suintent le désespoir et la tristesse.

Je me mis au lit dans la chambre que l'on me donna, mais je ne pus trouver le sommeil.

Les souvenirs ne cessaient de monter en moi.

Je revoyais Ben me rapportant des fleurs du jardin de notre voisin. Je me souvins de ce petit cœur en terre glaise qu'il avait façonné quand il avait cinq ans et sur lequel il avait écrit : « Je t'aime ». Je le revoyais rire... pouffer... sourire...

Jamais, jamais je ne pourrais effacer ces images de ma mémoire.

« Pourquoi Ben ? Pourquoi lui ? » Combien de fois me posai-je la question cette nuit-là ? D'entre tous les innocents, pourquoi Ben avait-il le sida ? C'était injuste. L'hémophilie était déjà un fardeau bien lourd pour un petit garçon qui aurait aimé avoir les mêmes jeux que ses camarades.

« Mon Dieu, pourquoi m'enlevez-Vous Ben ? Sa présence auprès de Vous est-elle à ce point nécessaire ? Est-ce Votre volonté que mon fils Ben ait le sida ? Seigneur, il n'est encore qu'un enfant. Il est mon fils et je l'aime. Je Vous en prie, ne me le prenez pas. »

Je fis de la lumière dans la chambre et pris la revue éditée par l'Eglise de Jésus-Christ des saints du dernier jour. Grant et moi sommes mormons. D'ordinaire je trouvais toujours dans les écrits de notre Eglise matière à méditer, à me guider. Mais je ne pouvais concentrer mon attention. Les lignes dansaient sous mes yeux. Mille questions se pressaient dans mon esprit, et je n'avais de réponse pour aucune.

Je décrochai le téléphone et appelai la chambre de Ben.

Grant répondit.

— Tu dormais ? lui demandai-je.

— Non. Et toi, ça va ?

Je ne pus articuler un son et me mis à pleurer.

Quelques minutes plus tard, Grant entrait dans ma chambre et il se mit au lit avec moi. C'était si bon de sentir son corps contre le mien, de le sentir fort, solide ! Dans les bras l'un de l'autre, nous sanglotions.

— Grant, dis-je un moment plus tard, trop fatiguée pour pleurer encore. Penses-tu que c'est la volonté de Dieu que Ben meure ?

— Dieu n'a certainement pas voulu que Ben ait le sida, mais je sais que Dieu peut aider Ben.

— Et si la volonté de Dieu n'est pas la même que la nôtre ?

— Que puis-je te répondre, Chris ? Les miracles existent. Peut-être ne nous en faut-il qu'un tout petit pour que Ben vive. Il nous faudrait du temps... juste assez pour que l'on trouve un traitement, un vaccin, que sais-je...

J'écoutais Grant et puisais peu à peu de la force dans ses paroles. Oui, les miracles existaient. La science elle-même en avait maintes fois reconnu l'évidence.

Foi. Amour. Nous avions besoin des deux, et nous n'avions jamais manqué ni de l'une ni de l'autre.

Les médecins ne nous avaient laissé aucun espoir. Mais cela ne nous condamnait pas forcément au désespoir.

2

« *Est-ce qu'il y a des* tacos* *au paradis ?* »

Les médecins avaient fait tout ce qu'ils pouvaient pour Ben. Du moins pour l'instant. Nous leur avions posé une question simple : « De quoi souffre notre fils ? » Et ils nous avaient répondu. Mais désormais notre vie n'était plus qu'une suite infinie d'interrogations auxquelles personne ne pouvait répondre... hors le temps.

Pour le moment, nous devions apprendre à vivre avec toutes ces questions pour lesquelles il n'y avait pas de réponses.

Les médecins avaient accordé à Ben une espérance de vie qui n'excédait pas une année. Mais que savaient-ils de notre famille ? de notre foi religieuse ? Que savaient-ils au juste de Ben lui-même, hormis le fait qu'il était le premier enfant admis à l'hôpital Stanford à avoir contracté le sida ? Tant que Ben resterait hospitalisé, aussi chaleureusement fût-il entouré, il ne serait

* Plat mexicain fait d'une farce, à base de viande hachée et de crudités, enrobée dans une fine omelette. *(N.d.T.)*

jamais que ce jeune patient atteint du sida dans sa chambre isolée.

Il me tardait terriblement de l'avoir avec nous.

A la maison, Ben serait avec ses frères. Il pourrait jouer avec Darcy, le chien de la famille. Ses parents seraient là, à ses côtés, quoi qu'il arrive. Le steak grillé ou la soupe que je lui préparerais et qu'il prendrait dans notre cuisine ne seraient certainement pas les mêmes que ceux qu'on lui apportait sur un plateau dans sa chambre. Il pourrait jardiner avec moi, comme il aimait le faire. Il pourrait être de nouveau Ben.

Les médecins pouvaient trouver cela insensé, mais à présent que je connaissais la nature du mal, j'étais persuadée de pouvoir aider Ben. Oh ! naturellement, je n'espérais pas le guérir du sida ! Cela était du ressort de la recherche médicale. Je pensais seulement que moi, sa mère, qui connaissais si bien mon garçon, serais peut-être capable de soigner ce que l'examen clinique avait établi : le muguet dans sa gorge, le ganglion à son cou, le parasite dans son estomac. Et si... si jamais je contribuais par mes soins, ma présence, mon soutien de tous les instants à éliminer ces symptômes-là, alors les médecins pourraient mieux concentrer leurs efforts sur le système immunitaire de Ben.

Grant avait peut-être raison. Pourquoi la Providence ne nous tendrait-elle pas la main ? A nous de tenir le coup, de ne pas perdre courage. A la science de trouver le vaccin. Si nous parvenions à unir toutes ces ressources — amour familial, soins médicaux, foi en Dieu —, nous pourrions peut-être sauver notre enfant. Oui, je me disais que cela n'était pas impossible.

Je n'en étais pas moins très inquiète, alors que nous empaquetions les affaires de Ben, les jouets qu'on lui avait donnés à l'hôpital, ses vêtements qui étaient maintenant trop grands pour lui, ses médicaments — en particulier ces précieuses gelules roses et jaunes provenant du Canada dont nous espérions si fort qu'elles viendraient à bout du parasite.

Je savais toutefois que ce ne serait pas facile. Une fois à la maison, je serais seule avec Ben, du moins quand Grant serait à son travail. Quelques mois plus tôt, lorsqu'on avait fêté mes vingt-huit ans, je ne pouvais pas dire que je me trouvais « vieille », mais enfin... Soudain je me sentais tellement inexpérimentée et ignorante. Je n'étais après tout qu'une jeune mère de famille, avec trois petits garçons, et enceinte d'un quatrième.

Je me demandais comment je trouverais le temps pour tout ce qu'il me faudrait faire, alors que Ben aurait besoin de soins constants. Les vacances d'été approchaient, et Beau serait à la maison. Il me faudrait veiller sur lui, et aussi sur Aber. Il y avait également l'enfant que je portais. Il était impératif que je prenne soin de moi, que je reste en bonne santé. Comment ferais-je quand le moment d'accoucher viendrait ? Où en serait Ben alors ? Serait-il seulement en vie ?

Je ne pouvais m'empêcher de me poser toutes ces questions et, en même temps, je ne devais plus y penser. Pour le moment, il me fallait les chasser de mon esprit. Comme disait ma mère, chaque chose en son temps... et à chaque jour suffit sa peine.

— Tu vas pouvoir t'habiller, Ben, et rentrer chez toi, dit l'infirmière en lui retirant l'aiguille de la perfusion qui n'avait pas quitté son bras depuis deux semaines.

Elle avait dit cela d'un ton enjoué, comme s'il était guéri, et que son séjour à l'hôpital était fini.

— D'accord ! s'écria Ben en descendant du lit.

Il s'habilla, et je lui accrochai une paire de bretelles à son jean devenu deux fois trop grand pour lui. Il fit la grimace en voyant qu'il n'avait pas assez de trous dans sa ceinture.

Il prit avec lui son jouet préféré, un robot transformable, et nous précéda hors de la chambre. Il avait envie de marcher tout seul. Grant me prit la main, et nous franchîmes ensemble les doubles portes du service d'isolement, laissant derrière nous cette odeur d'éther et d'antiseptique. Ben lança un au revoir joyeux à Judie Lea, et le soleil nous accueillit dehors. Nous allions rentrer chez nous.

Il faisait beau en cet après-midi de juin, et nous décidâmes de passer par la forêt. C'était deux fois plus long que par l'autoroute, mais les séquoias valaient le coup d'œil, et puis nous n'étions pas pressés. Beau et Aber séjournaient encore chez leur grand-mère. Nous avions confortablement installé Ben à l'arrière du van et, pendant les premiers kilomètres, il contempla le paysage avec cette expression rêveuse que je lui connaissais si bien et qui me faisait toujours me demander à quoi il pensait. Au bout de quelques minutes, il voulut passer devant et s'asseoir sur mes genoux. En d'autres circonstances, je lui aurais dit non, que c'était dangereux. Dangereux, ce mot n'avait plus de sens aujourd'hui.

Il s'installa contre mon ventre déjà gros, la tête sur mon épaule, ses pieds posés sur la cuisse de Grant.

— Pourquoi je suis malade ? demanda-t-il. Qu'est-ce qu'ils ont dit, les docteurs ?

Auparavant, j'avais toujours su rassurer mes enfants, leur dire ces mots que trouvent les mères pour les apaiser : « Tout ira bien, ne t'inquiète pas », ou : « Papa arrangera tout ça quand il rentrera. » Mais maintenant, je ne savais que dire. Ce n'était pas un refus de ma part, mais une incapacité à formuler les mots. Il ne s'agissait plus d'un simple rhume ou d'un jouet cassé que Grant pourrait réparer en moins de deux.

Grant et moi avions décidé de parler à Ben, mais nous n'avions pas pensé à ce que nous allions lui dire au juste. Nous avions seulement pris la décision de ne rien lui cacher, d'être francs avec lui, ainsi que nous l'avions toujours été avec nos enfants. Cependant, cette fois, il s'agissait de ne pas l'effrayer. Et la vérité était effroyable.

— Tu sais, Ben, commençai-je de dire, le docteur Penn avait raison, il y a bien un parasite dans ton estomac. C'est pourquoi ça te fait mal et que tu as la diarrhée. Et cette espèce de pellicule blanche dans ta bouche et ta gorge, ça s'appelle une candidose.

J'attendis qu'il me pose une autre question, mais Ben resta silencieux, se contentant de lever sur moi un regard interrogateur.

— Mais, Ben, si tu as tant de difficulté à guérir de ces choses, c'est parce que tu souffres d'une autre maladie qui s'appelle le sida. C'est malheureusement une maladie au sujet de laquelle les médecins ne savent pas encore grand-chose. C'est la première fois qu'à Stanford ils ont un cas de ce genre.

— Est-ce qu'ils t'ont dit quand est-ce que j'irai mieux ?

— Ils ne savent pas, Ben, intervint Grant. Ils nous ont donné des médicaments qui devraient te faire du bien. Juste quelques pilules et ces pulvérisations dans la gorge que, paraît-il, tu aimes beaucoup. Tu te sens capable de les supporter ?

Ben fit une grimace en se serrant la gorge à deux mains comme font toutes les victimes empoisonnées dans les téléfilms d'horreur.

— Enfin, je veux bien, s'il le faut, répondit-il. Mais je ne comprends pas pourquoi je suis malade. Tout le monde a bu à cette source. Pourquoi je suis le seul à avoir attrapé ces saletés ?

Grant et moi, nous échangeâmes un regard pour savoir lequel de nous deux allait répondre à cette question. Grant m'adressa un imperceptible hochement de tête. C'était lui qui s'en chargerait.

— Tu sais, Ben, c'est plus compliqué que ça, dit-il. Tu n'as pas attrapé le sida en buvant cette eau, mais à l'occasion d'une injection de facteur VIII. Le sida est un virus, et l'un des donneurs de sang avec lequel ils fabriquent le facteur VIII avait lui aussi ce virus. Et c'est par son sang qu'il te l'a transmis. Mais, tu sais, on reparlera de tout ça à la maison, quand tu te seras reposé, d'accord ? Pour le moment, essayons plutôt de trouver quelque chose d'amusant à faire.

— Quoi ? demanda Ben.

Que pouvait bien vouloir dire « amusant » ? pensai-je. Skier, danser, monter à bicyclette ? Ben n'en avait plus la force. Quel jeu pouvait-on trouver pour Ben ?

Je me penchai pour prendre mon sac et faire ce que j'avais toujours fait quand je me sentais perdue, qu'il fallait que je m'organise, que je sache quoi entreprendre. Je sortis mon calepin et un stylo.

— Pourquoi ne pas faire une liste ? suggérai-je.

Grant et les garçons avaient l'habitude de mes listes. C'était une habitude chez ma mère, et ils pensaient que cela était héréditaire. Je dressais une liste à chaque fois que je me sentais dépassée par quelque tâche. Le fait de noter les choses à faire me procurait le sentiment rassurant d'être organisée. J'avais besoin d'« écrire » mon emploi du temps, par peur de perdre celui-ci. Ainsi mes listes ne se limitaient-elles pas aux achats courants, comme le font la plupart des ménagères, mais s'étendaient à tout ce que j'avais l'intention d'entreprendre : sorties, jeux avec les enfants, projets de vacances avec Grant, enfin tout ce qui représentait un but. Et c'était ce que je voulais faire maintenant, pour Ben. Qu'il puisse faire des projets, qu'il y ait des plaisirs à venir dans son « programme ».

— Pour commencer, dis-je, une liste de ce que tu aimerais faire cet été.

— Aller à Disneyland ! Rappelle-toi, maman, tu m'as dit qu'on irait à Disneyland quand je ferais mes huit ans ! Tu t'en souviens ?

Ben aurait huit ans le 28 juin. Naturellement, je ne l'avais pas oublié. Je ne pouvais pas en dire autant au sujet de Disneyland. Sincèrement, c'était là une promesse dont je n'avais pas un souvenir précis. Je reconnaissais bien là la stratégie de Ben quand il désirait fortement quelque chose. Il agissait comme si cela avait déjà fait l'objet de mon approbation. Sa ruse n'avait pas toujours les résultats qu'il escomptait. Mais, cette fois, je n'allais pas chicaner.

— Mais surtout je veux aller à la réunion des Oyler, à Tahoe, dit-il.

Chaque année, la famille Oyler se réunissait au lac Tahoe. Cette année, toutefois, la réunion avait été annulée en raison même de l'état de Ben.

— Figure-toi, dit Grant, qu'on a abandonné l'idée de nous réunir cette année, parce que tu étais fatigué et que personne ne voulait venir si tu n'étais pas là.

— C'est vraiment pas de chance, marmonna Ben.

— Tu voudrais vraiment qu'on se réunisse ? demanda Grant.

— Bien sûr, on s'amuse tellement à chaque fois !

— D'accord, je vais appeler grand-père, et nous verrons si on peut faire quelque chose.

— Ça serait chouette, p'pa ! Il me tarde tellement de revoir mes cousins.

— Quels sont tes autres projets, Ben ? demandai-je.

— Me faire de nouveaux copains quand l'école reprendra en septembre.

— Tu sais, il est possible que tu entres dans une autre école, Ben. Avec le bébé qui va arriver, il nous faut une maison plus grande. Alors il se peut que, d'ici la rentrée, nous ayons changé de logement et de quartier. Beau et toi, vous serez inscrits dans une nouvelle école, et vous vous ferez plein de nouveaux amis.

— Alors je ne pourrai plus voir Jessica ? demanda Ben, l'air navré.

— Bien sûr que si, mon petit, dis-je. Ce n'est pas parce que tu seras dans un autre établissement que tu perdras ta camarade.

— Oui, c'est vrai, si on veut rester copains, elle et moi, on pourra toujours se voir. Est-ce que je pourrai lui téléphoner en arrivant ? Savoir comment elle va ? Ça me plairait beaucoup de la revoir, m'man.

J'acquiesçai d'un signe de tête, mais quelque chose m'empêcha de noter le nom de Jessica sur la liste.

Ben me prit le stylo des mains et inscrivit, sous « nouvelle maison » et « nouvelle école » : *Jessica.*

— Dis donc, Ben, que va-t-il se passer quand tu

auras huit ans ? demanda Grant, désireux de changer de sujet.

— Je serai baptisé, répondit Ben. Note, maman, et en majuscules : BAPTÊME.

— Et puis... insista Grant.

— Et puis on fêtera mon anniversaire, dit Ben. De la tarte au citron, m'man. Et avec de la meringue dessus, tu sais ?

Ben jeta un coup d'œil sur ma liste.

— Il manque quelque chose, dit-il. Mon futur p'tit frère.

— Chelsea, ta future p'tite sœur, dis-je.

Ben me fit un grand sourire. Nous connaissions l'un et l'autre par cœur ce dialogue, que nous avions commencé avant même la naissance d'Aber. A cette époque, déjà, Ben désirait un frère, et moi je voulais une fille.

— Maman, encore un garçon, s'il te plaît. Encore un petit frère. Juste un, et après tu pourras avoir ta Chelsea. D'accord ?

Nous éclatâmes de rire. Ben semblait tellement sûr de lui.

— Ecoute, je ne peux rien te promettre dans ce domaine. Que ce soit une fille ou un garçon, nous l'accueillerons avec la même joie, d'accord ?

Ben n'avait pas l'air totalement convaincu, mais il hocha la tête. J'écrivis « bébé » au bas de ma feuille et refermai mon calepin.

J'avais l'impression d'avoir accompli... quelque chose. Enfin j'avais un joli programme. Une direction à prendre et assez de panneaux indicateurs pour nous repérer en cas de fausse route. Dans cette contrée où nous allions, dont l'unique frontière était la mort, nous ne disposions d'aucune carte routière. Ce serait à nous de trouver le chemin de la vie, le plus longtemps possible.

Grant avait reporté son attention sur la route. Les séquoias défilaient de chaque côté de nous et il me semblait qu'en tendant la main j'aurais pu toucher l'écorce sanguine de leurs énormes troncs. La forêt était si vaste, si paisible, qu'on avait l'impression de pénétrer dans un lieu sacré. Les arbres se dressaient vers le ciel telles de gigantesques colonnes, aux faîtes desquelles le bleu infini et les verts des frondaisons semblaient se mêler.

Nous roulions en silence, heureux d'être ensemble au milieu de cette magnifique forêt. Il me faudrait apprendre dorénavant à jouir de chaque instant de paix, sans penser à l'avenir. Je savais que plus rien ne pourrait être comme avant, et j'ignorais ce que le lendemain nous réservait.

Cette nuit-là, Ben s'endormit dans l'odeur familière de ses draps. Le sommeil l'emporta comme lorsqu'il était plus jeune, en étreignant sa vieille couverture jaune. Il passa les deux jours suivants au lit, à dormir le plus souvent. Le matin du troisième jour, j'étais occupée à préparer le petit déjeuner quand j'entendis s'ouvrir la porte du patio et la voix de Ben me demander s'il pouvait aller jouer dehors avec notre chien basset, Darcy.

— Bien sûr, mon chéri, mais le petit déjeuner est presque prêt, répondis-je.

Il me fallut un moment pour ressentir toute la banalité de ces quelques mots échangés avec Ben. En d'autres temps, je n'y aurais prêté aucune attention. A présent, cette normalité était tellement rassurante. Il me tardait d'aller chercher Beau et Aber. Dans la soirée, notre famille serait de nouveau au complet.

Beau et Aber avaient séjourné chez ma mère à Los Angeles. Maman et Ralph devaient les emmener en voiture jusqu'à San Luis Obispo, où nous les retrouverions. Ben s'était reposé pendant deux jours, et je le trouvais beaucoup mieux. Du moins je le pensais, jusqu'à ce que je voie l'expression de stupeur sur le visage de ma mère. Elle et Ralph n'avaient pas revu Ben depuis ses premiers maux d'estomac à Park City. Cela ne faisait même pas deux mois, et pourtant cela me semblait si loin. Quand nous prîmes congé d'eux, je vis Ralph passer son bras autour des épaules de ma mère.

Sur le chemin du retour, nos trois garçons riaient à l'arrière du break, tout à la joie de se retrouver. Ben découvrait avec une joyeuse impatience les cadeaux ramenés par Beau et Aber de chez leur grand-mère. Leurs rires me comblaient.

Le lendemain, pendant que Ben se reposait, Grant et moi, nous avons essayé de faire comprendre à Beau et à Aber que Ben était malade, très malade, et qu'il avait besoin de repos. Mais, naturellement, nous n'avons pas parlé du sida.

Grant avait délaissé son travail quand Ben était à l'hôpital, et il fallait maintenant rattraper le temps perdu et travailler quatorze heures par jour pour mener à bien les chantiers qu'il avait entrepris. Quand il quitta la maison, je me sentis soudain seule. Avant, à chaque fois que j'avais des problèmes, j'en parlais avec Grant ou avec ma mère. A présent, je n'avais personne auprès de qui me confier, car personne, dans mon entourage, n'avait jamais été confronté à pareille épreuve.

Ces premières semaines furent difficiles pour nous tous. Je me disais que cette période d'adaptation serait la plus dure, que cela irait mieux quand nous nous serions organisés, que nous pourrions même regarder Ben sans nous sentir pâlir aussitôt. Il était si maigre. Je pensais que l'amélioration de son état serait si lente qu'elle en serait presque imperceptible. Je m'exhortais à ne pas interpréter trop favorablement les bons signes, Ben avalant un sandwich au déjeuner, Ben allant faire du vélo autour du pâté de maisons, parce que l'instant d'après mon espoir se heurterait à la persistance des diarrhées, des vomissements, de sa fatigue.

C'était un combat de tous les jours. Le réveil sonnait à six heures; Grant se levait, disparaissait dans la salle de bains pour prendre sa douche, et je restais au lit encore un peu. J'étais enceinte de presque cinq mois ; j'avais besoin de repos. Du moins essayais-je de m'en convaincre. En vérité, j'aurais voulu me cacher sous les couvertures et chasser de mon esprit le souvenir de ces dernières semaines. Je ne pouvais m'empêcher de penser que tout cela n'était qu'une erreur, que ce ne pouvait être vrai. Non, pas Ben. Pas nous. Quelqu'un s'était trompé d'adresse.

Qu'avions-nous fait pour mériter pareil sort ? Pourquoi ce nuage noir était-il venu stagner au-dessus de notre maison, quand je pouvais voir le soleil inonder la rue ? J'avais envie de pleurer. J'aurais aimé qu'une machine à remonter le temps me ramène à une époque d'insouciance.

Puis Grant ressortait de la salle de bains. Il venait m'embrasser, posait parfois sa main sur mon ventre, pour voir s'il pouvait sentir le bébé remuer, me recommandait de ne pas me fatiguer. Il me disait qu'il m'aimait et qu'ensemble nous sortirions de cette épreuve. Et je pensais : « Oui, nous y arriverons. Si Grant a confiance, moi aussi. » Il était mon seul soutien dans cette tempête, ma certitude que, quoi qu'il arrive, il serait là pour m'aider dans l'épreuve.

Je me levais alors, me disant que j'avais de la chance de devoir le faire, car affronter la journée qui m'attendait serait de toute façon plus facile que de rester au lit avec mes peurs.

L'école était finie, maintenant, et Beau restait à la maison en compagnie d'Aber, un petit diable de trois ans, curieux de tout. Ben réclamait des soins constants. Sa diarrhée persistait. L'appartement ne disposait que d'un seul cabinet de toilette, et il devait y aller toutes les heures, et même parfois durant la nuit. Il prit l'habitude de se munir d'une petite cuvette, car il continuait de vomir également, et il lui arrivait de ne pas avoir le temps d'arriver jusqu'à la salle de bains. Je me retrouvais désormais avec des lessives cinq fois plus grosses.

J'avais espéré qu'en compensation de toutes ces misères j'emmènerais les garçons en promenade, que j'aurais le temps de parler avec eux, de les câliner. Or je n'avais plus une seule minute de libre avec toutes ces lessives, les soins et les médicaments à donner à Ben, les courses imprévues, quand il avait soudain envie de manger quelque chose que je n'avais pas à la maison.

Ma lutte se résumait à faire face à une série de problèmes mineurs. L'hygiène, par exemple. Nous n'avions pas peur de contracter le sida, car nous savions qu'il était transmissible uniquement par le sperme ou le sang, mais le muguet dont Ben était affecté était, lui, contagieux. Je devais me montrer particulièrement prudente, car j'étais enceinte. Ben avait son savon, ses serviettes, des couverts jetables. Mais il était difficile de toujours surveiller Beau et Aber et d'être sûr qu'étant seuls ils n'allaient pas piquer dans l'assiette encore pleine laissée par Ben.

Par ailleurs, les garçons ne s'entendaient pas toujours aussi bien qu'ils en avaient coutume. Cela commença avec les jouets que Ben avait reçus de l'hôpital. Des voitures et des robots fonctionnant sur piles. Beau et Aber se les disputaient, et Ben jouait les arbitres. Mais il était parfois tellement fatigué qu'il se bouchait les oreilles et leur criait de sortir de sa chambre. L'ennui, c'est que c'était aussi la leur, et Beau et Aber en souffraient. Il nous fallait une maison plus grande. Vite.

Je m'efforçais tout de même de sortir les garçons. Nous allions au parc ou à l'aquarium. Mais il y avait des jours où Ben était trop las ou n'avait aucune envie de se retrouver dans des lieux où les autres enfants riaient et s'amusaient, alors qu'il n'en avait pas la force. Aussi, de plus en plus, Ben et moi, nous nous retrouvions tous les deux à faire un peu de jardinage ou à fabriquer des masques en papier. Quand, l'un comme l'autre, nous nous sentions fatigués, nous faisions une sieste ensemble dans le salon. Je n'avais jamais été aussi proche de lui depuis sa prime enfance. C'étaient ces moments-là, ces moments de tendresse, aussi rares fussent-ils, qui me donnèrent la force de traverser ces premières semaines.

Certaines activités que j'avais conservées étaient maintenant comme autant de pauses salubres : ma classe d'adolescentes à l'église mormone, la comptabilité de Grant, du menu bricolage à la maison. J'accueillais avec soulagement toute tâche qui, fût-elle brève, me faisait oublier mon rôle de mère d'un enfant condamné.

Avant, nous dînions dehors en famille une fois par semaine. Nous ne le faisions plus, car Ben avait de grandes difficultés à manger. Mais il aimait encore les sorties et, un soir, Grant lui demanda de choisir le restaurant où il aurait envie de dîner. Il proposa le *Plaza Linda*. Il mangea un *taco* entier et une moitié de *burrito**. Mais quand il se mit à tousser, de cette toux rauque, profonde, ne pouvant venir que d'une personne très malade, des têtes se tournèrent vers nous dans la salle pour voir ce tout jeune garçon penché au-dessus de sa cuvette.

Je savais qu'ils se demandaient de quoi pouvait souffrir Ben. J'avais envie de me lever et de leur dire que mon Ben n'avait rien fait de mal, que ce n'était pas sa faute, qu'il n'avait que sept ans, et qu'il était toujours lui-même, dans son âme. Naturellement, je n'en fis rien. Je me souviens d'avoir regardé Grant. Nous étions tous deux gênés et mal à l'aise. Nous nous sommes dépêchés de terminer notre repas et nous sommes partis. Sortir dîner fit désormais partie de la liste des choses à éviter.

Un matin, alors que je lui appliquais dans la bouche ce collutoire qu'il détestait, je remarquai que son ganglion au cou avait désenflé. J'étais folle de joie.

— Ben ! m'écriai-je. Ton cou va beaucoup mieux !

— Je sais, maman, ça va mieux depuis deux jours, répondit-il, nonchalant. Tu vas pouvoir arrêter de me mettre cette saleté dans la bouche.

— Hélas, non, mon chéri. Ce collutoire, c'est pour les points blancs que tu as dans la gorge. Mais de ce côté-là aussi, ça a l'air d'aller mieux.

Ben devait passer un examen le lendemain à

* Crêpe mexicaine farcie de viande, de fromage et de haricots.

Stanford. Ce rendez-vous m'avait terrifiée. A présent, il me tardait d'y aller.

Ils firent à Ben une injection de gammaglobulines, ce qui nous encouragea, Grant et moi. Cela signifiait qu'ils allaient maintenant tenter de soutenir son système immunitaire. Le médecin nota la régression du ganglion. Il y avait une amélioration.

En sortant de l'hôpital, Aber me demanda :

— Maman, est-ce que Ben est guéri, maintenant ?

Je ne me rappelle plus ce que je lui répondis alors, mais Aber me reposerait souvent cette question par la suite.

Je me trouvais à l'épicerie quelques heures plus tard, ce même jour, quand je rencontrai le chauffeur du car de ramassage scolaire, qui m'apprit que Jessica était morte quelques jours plus tôt. La première pensée qui me traversa l'esprit fut que j'avais oublié ma promesse faite à Ben. Je n'avais pas appelé Mme West depuis que nous étions rentrés à la maison. Et maintenant il était trop tard. Qu'allait dire Ben ? Comment réagirait-il à cette nouvelle ?

Ben avait une amitié toute particulière pour Jessica. Il avait fait sa connaissance à l'hôpital. Jessica, la « fille sans cheveux ». Elle lui avait expliqué qu'elle n'avait pas toujours été comme ça, que c'était depuis que les médecins lui avaient trouvé une tumeur au cerveau et avaient commencé une chimiothérapie que ses cheveux étaient tombés.

Ben savait que Jessica mourrait un jour prochain. Grant et moi, nous en avions parlé avec lui, un soir que la mère de Jessica nous avait appelés au téléphone. Elle savait qu'une amitié profonde liait les deux enfants, et elle ne voulait pas que Ben en ait un trop grand chagrin. C'était il y a moins de deux ans. Aujourd'hui, tout était sens dessus dessous. Comment apprendre la nouvelle à Ben ?

Je décidai d'emmener les garçons au parc le lendemain. Le parc avec le grand toboggan que Ben aimait tant. Il ne pouvait grimper l'échelle, mais il s'amusait encore aux balançoires.

Nous nous sommes assis au bord du bac à sable. Beau et Aber jouaient non loin de là.

— Il faut que je te dise au sujet de Jessica, Ben, commençai-je.

Il leva vivement la tête puis détourna son regard et prit une poignée de sable qu'il laissa couler entre ses doigts.

— Ce n'est pas une bonne nouvelle, hein ?

Je passai mon bras autour de ses épaules.

— Non, pas une bonne nouvelle, Ben. Jessica est morte il y a quelques jours.

Il continua de jouer avec le sable, le lissa de sa main, traça un cercle.

— Tu sais, maman, j'aimais vraiment Jessica. Elle était ma meilleure amie. Personne d'autre à l'école ne me comprenait aussi bien qu'elle. Même pas les autres garçons. Elle va beaucoup me manquer... Pourquoi est-elle morte si vite, maman ? Elle n'avait même pas mon âge.

Je ne connaissais pas la réponse. Il me semblait qu'il y avait désormais une infinité de questions pour lesquelles je n'avais aucune réponse.

— On ne perd jamais vraiment ceux qu'on aime, Ben. On peut les garder avec soi, dans son cœur.

Je sortis mon portefeuille de mon sac et je lui montrai les photos que je gardais de lui, de Beau, d'Aber et de Grant.

— Le cœur aussi prend des photos, et ce sont les plus belles parce qu'on peut toujours les regarder quand on veut. Et puis ces photos-là n'appartiennent qu'à toi.

— Est-ce que Jessica ira au paradis ?

— Certainement.

— Est-ce que je la reverrai un jour ?

— Oui, Ben, je suis sûre que tu la reverras.

Il y eut un long silence, pendant lequel Ben continua de jouer avec le sable.

— Quand je la reverrai, maman ?

— Je ne sais pas, Ben. Personne ne peut prédire le jour de sa mort. C'est pourquoi il est si important de s'aimer les uns les autres tant que nous sommes en vie.

Je m'efforçais de retenir mes larmes. Pourquoi avais-je le sentiment que Ben savait qu'il allait mourir ? Qu'en dépit de toutes nos paroles rassurantes il avait compris qu'il ne guérirait pas. Pourquoi sentais-je également qu'il avait envie de m'en parler, mais qu'il n'osait le faire de peur de m'effrayer ?

J'avais envie de le prendre dans mes bras et de le bercer, de pleurer avec lui, de pleurer pour notre souffrance, notre peine, pour les années que nous ne passerions pas ensemble. Mais je ne le pouvais sans risquer à mon tour de lui faire peur.

Nous sommes restés assis là, au bord du bac à sable. Ben absorbé dans ses pensées. Moi dans les miennes.

— Maman, me demanda-t-il à la fin, tu voudrais bien me pousser sur la balançoire pendant un moment ?

— Bien sûr, Ben.

Ben pouvait rayer de sa liste « jouer avec Jessica ». Mais cet été-là il alla à Disneyland. Il était enthousiaste. Nous l'étions tous. Le père de Grant avait organisé une réunion en un temps record ; nous allions nous retrouver à six familles à Disneyland.

J'avais toujours admiré l'énergie du père de Grant. Je voyais en lui quelque patriarche à la tête chenue, le genre d'homme volontaire menant toujours à terme ce qu'il a décidé d'entreprendre. Sa femme et lui avaient eu six enfants. Grant était le quatrième, et l'aîné des garçons. Et Ben l'aîné de leurs quatorze petits-enfants. Je savais que les parents de Grant aimaient particulièrement Ben.

Mais, pour des raisons que nous ne comprenions pas, Ben s'était encore affaibli quand nous prîmes la route de Disneyland.

Il n'en profita pas moins avec ardeur de sa visite, courant d'une féerie à l'autre. Grant et lui allèrent seuls dépenser le restant de tickets au gigantesque stand de tir. Ben était trop faible pour tenir une carabine, mais avec l'aide de Grant il put cependant tirer, joyeusement assourdi par les détonations.

Le lendemain après-midi, on se retrouva tous au bord de la piscine du motel. Tous les cousins s'amusaient dans l'eau, et Ben était assis dans une chaise longue, à les regarder. Ils étaient tous plus jeunes que lui, et on ne pouvait leur reprocher de ne pas tenir compagnie à Ben, et cela d'autant plus que Ben n'était plus le garçon turbulent qu'ils avaient connu.

Je restai assise à côté de lui jusqu'à ce que Beau vienne me demander de l'emmener au jacuzzi. Les enfants n'avaient pas le droit d'aller seuls dans le bain à remous.

Tandis que Beau se laissait couler avec délices dans l'eau bouillonnante, je regardai en direction de Ben par l'écran de verre qui séparait le jacuzzi de la piscine. Et soudain, de l'endroit où j'étais, je le vis comme les autres devaient le voir : un petit garçon aux épaules frêles, au visage creusé, enveloppé dans une couverture, frissonnant malgré la chaleur de cette journée d'été.

Je ne pouvais croire que cet enfant fût Ben. Mon Ben. A ses pieds, le bassin de la piscine résonnait des cris joyeux des garçons jouant à un jeu que peut-être Ben lui-même leur avait appris l'année précédente. Qu'était-il arrivé au « chef de bande » ? Pourquoi n'organisait-il plus un concours de natation, pourquoi ne courait-il plus sur les bords glissants malgré mes mises en garde, pourquoi ne plongeait-il plus du tremplin comme il aimait tant le faire ?

Pourquoi ce malheur s'était-il abattu sur Ben ? Pourquoi sur lui ? Oh, je ne voulais pas qu'un autre enfant fût malade à sa place, mais je ne pouvais m'empêcher de me répéter cette question. A chaque fois que je portais mon regard sur lui, l'évidence cruelle, intolérable, s'imposait : Ben avait le sida. Ben allait mourir. Ben n'était plus le Ben que j'avais connu. Beau regagna la piscine, mais je restai dans le bain à remous. Personne ne pouvait me voir, et je laissai éclater mon chagrin.

Finalement Grant vint me chercher. Il s'assit dans l'eau à côté de moi et regarda en direction de Ben et des autres enfants qui jouaient dans le bassin. Lui aussi se mit à pleurer.

La peine se mêlait à la colère sur son visage. Il avait mal de voir Ben souffrir. J'avais mal parce que je savais que les médecins ne s'étaient pas trompés, que Ben avait bien le sida et qu'il était condamné. Je savais maintenant que seul un miracle pouvait sauver mon enfant. Et pouvait-il y avoir un miracle ? De nouveau ces questions... J'essayai de les chasser de mon esprit. Grant était-il aussi assailli des mêmes doutes ? Son expression était impénétrable. Et je n'osais pas lui demander s'il avait tout de même un espoir. Il ne m'aurait pas répondu, de la même façon qu'il ne m'avait rien dit de ses soupçons concernant Ben.

C'était une expérience nouvelle pour moi de ne pouvoir partager avec Grant mes pensées les plus secrètes. Je ne lui avais jamais rien caché, hormis les cadeaux que je comptais lui faire pour la Noël ou son anniversaire. La maladie de Ben nous affectait de façon insoupçonnée. Elle nous révélait notre différence. Pragmatique, j'étais encline à me préparer au pire. Grant, plus croyant que moi, avait la foi assez forte pour s'accrocher à l'espoir que Ben vivrait. Chacun de nous devrait affronter cette épreuve selon sa nature tout en se soutenant l'un l'autre. Comme lorsque Randy et moi faisions du patin à roulettes : reliés par une corde, nous dévalions le trottoir, et Randy me propulsait devant lui pour qu'à mon tour je le projette en avant en profitant de mon élan. Ainsi nous avancions, multipliant par deux notre énergie et accroissant sans cesse notre vitesse. Voilà ce que nous devrions faire désormais, Grant et moi.

Quelque temps après cette réunion familiale, nous conduisîmes de nouveau Ben à l'hôpital. En chemin, il me questionna au sujet de son baptême. Il ferait ses huit ans la semaine suivante, et le baptême pourrait alors avoir lieu.

— Dès que tu te sentiras mieux, répondis-je, nous nous en occuperons.

A l'hôpital, ils placèrent Ben sous perfusion, et il reprit un peu de poids. Ses diarrhées l'avaient déshydraté et, une semaine plus tard, quand nous pûmes regagner la maison, il avait meilleure mine. Cette fois, nous prîmes l'autoroute, et le voyage fut plus rapide. Et puis arriva le jour de son anniversaire.

Nous avons déjeuné sur l'herbe. Un de ces déjeuners paisibles comme nous en faisions le dimanche. Maman et Ralph étaient là. Ben dévora sa part de tarte au citron « avec de la meringue », et il souffla du premier coup les huit bougies. Je n'osai lui demander quel vœu il avait fait, et il ne m'en dit rien.

— Est-ce que Ben va mieux, maintenant, maman ? demanda Aber.

— Hé ! regarde ça, Aber, dit Ben.

Ben se leva et gagna le vestibule où le carrelage est lisse et glissant. Ben le break-danseur. Il voulait faire une toupie sur le dos. D'ordinaire il tournait quatre ou cinq fois sur lui-même. Cette fois, il s'arrêta après deux tours et resta sur le carrelage, le souffle court.

— Ça fait mal, maman, se plaignit-il.

— Où as-tu mal ?

— Aux os. Ça fait mal dans mes os.

Je lui dis qu'il était toujours le meilleur danseur de break que je connaisse et je l'aidai à se relever. J'allais l'emmener dans sa chambre pour qu'il se repose quand il a appelé Aber.

— Tu t'es entraîné comme je te l'ai appris, Aber ? demanda-t-il à son petit frère.

Aber s'amena, tout fier de montrer à son aîné ce qu'il savait faire. Il se lança dans une imitation de toupie qui ne manquait pas d'énergie, à défaut d'efficacité.

— Super, Aber ! s'exclama Ben en me faisant un clin d'œil complice. La prochaine fois, tiens tes coudes serrés.

Ce soir-là, au moment de se coucher, Ben me dit :

— J'ai huit ans, maintenant. Et qu'est-ce qu'on fait quand on a huit ans ?

Je n'avais pas reparlé du baptême. J'avais cette crainte qu'une fois baptisé Ben serait de quelque façon prêt à... mourir. Qu'il serait un peu plus près de Dieu et un peu plus loin de moi.

C'était idiot, je le savais. Qu'est-ce que je m'imaginais ? Que je disputais à Dieu la vie de mon fils ? Dieu était avec moi.

La maladie de Ben avait commencé d'atteindre certains domaines dans ma vie auxquels je ne voulais pas qu'on touche. Mes relations avec mes enfants. Mon mariage. Ma foi.

Grant fit avec l'Eglise les arrangements nécessaires pour le baptême. Comme Ben était atteint du sida, nous devions obtenir une autorisation spéciale pour utiliser les fonts baptismaux. Le président nous l'accorda, en recommandant au sacristain de désinfecter les fonts avant et après leur utilisation. Ben aurait son baptême.

Le lendemain soir, nous eûmes ce que nous, mormons, nous appelons une assemblée familiale. C'est pour nous une tradition importante. C'est le moment d'éteindre la télévision, de débrancher le téléphone. C'est le moment de reporter toute notre attention à notre famille et à notre foi.

Nous chantons, nous contons des histoires édifiantes, nous parlons ouvertement des problèmes qui nous préoccupent. Cela ressemble à un conseil de famille où chaque membre, adulte ou enfant, peut faire part devant tous de ce qui le préoccupe.

Ce soir-là, nous avons parlé du baptême de Ben. Nous nous sommes rassemblés dans le salon devant un feu de cheminée. Grant était sur le divan avec Aber. Ben, Beau et moi sur le tapis, devant le feu.

— C'est une grande journée dans ta vie, Ben, dit Grant. Sais-tu comment ça se passe ?

— Oui, on te plonge dans l'eau ! s'exclama Beau sous le regard vaguement agacé de Ben.

— C'est exact, dit Grant, mais sais-tu ce que cela signifie ?

— Ça signifie qu'on fait une promesse à Dieu le Père et qu'Il t'en fait une aussi, répondit Ben, qui avait étudié le baptême à l'école du dimanche.

— C'est comme d'entrer dans l'équipe de foot du Bon Dieu, dit Grant. Et ça veut dire que tu joueras de ton mieux pour Lui. Et que Lui, en retour, t'aidera à être un bon membre de l'équipe en te donnant un entraîneur... Sais-tu qui est cet entraîneur ?

— Le Saint-Esprit, répondit Ben.

Aber se redressa.

— On peut le voir ? demanda-t-il.

— On ne peut pas voir le Saint-Esprit, Aber, dit Grant. Mais Il est toujours là. Si tu écoutes bien, tu peux même L'entendre quand Il te parle. Mais ce n'est pas comme quand tu entends ma voix. Non, c'est plutôt une voix que tu entends dans ta tête. Si tu L'écoutes bien, Il t'apprendra à reconnaître le bien et le mal.

» Et tu le sauras, quand tu auras fait quelque chose de bien, parce que tu sentiras en toi comme une douce chaleur. Mais il y a autre chose que le Saint-Esprit peut faire. Une chose très importante. Dans les moments de découragement, le Saint-Esprit te réconfortera. Tu sais, Ben, si tu as mal, Il sera là pour t'aider, te soulager.

— Dis-moi, papa, est-ce qu'il y a des *tacos* au paradis ?

Des *tacos* au paradis ! Nous avons éclaté de rire.

— Ça, c'est une bonne question, Ben, dit Grant. Mais je ne peux malheureusement pas te répondre, parce que je ne sais pas ce qu'il y a au menu, si je puis dire. Nous croyons seulement qu'on se sent bien au paradis.

— Est-ce que les gens vivent dans des maisons ?

— Ils vivent tous dans la maison de Dieu, Ben. Nous ne savons pas à quoi elle ressemble, mais on doit certainement y être aussi bien qu'à la maison. Tu sais, c'est comme quand on revient chez soi après une longue absence. On est content de retrouver son foyer. C'est comme ça, aller au paradis.

Ben avait beaucoup d'autres questions en réserve. Y avait-il des arbres au paradis ? des rues ? Combien de temps on mettait pour y aller ? Des questions qui me touchaient par leur innocence, mais qui me dérangeaient également par leur aspect tellement réaliste et pratique.

Le lendemain matin, Ben traça au feutre de couleur sur une grande feuille à dessin deux colonnes. Dans l'une il inscrivit les trois promesses qu'il attendait de Dieu, et dans l'autre celles qu'il faisait lui-même. « Je promets, écrivit-il, que je n'oublierai jamais Jésus. Que j'observerai ses commandements. Que j'aiderai autrui. » Quant à Dieu, Il devait « Me pardonner mes fautes.

M'accorder l'aide du Saint-Esprit. M'aider à être heureux. »

Je l'observai depuis le seuil de sa chambre pendant qu'il accrochait au mur sa feuille à dessin.

— C'est une grande responsabilité que d'être baptisé, lui dis-je. Tu le sais, Ben ?

— Oui.

— Cela veut dire que dorénavant tu seras responsable de tes actes.

Ben me regarda comme s'il comprenait parfaitement le sens de mes paroles.

— Tu te sens prêt à accepter cette responsabilité ?

— Oui, maman, je suis prêt.

C'était donc à mon tour de me préparer.

Quand le grand jour arriva, mon père et son épouse, Marilyn, vinrent à la cérémonie. Cela signifiait beaucoup pour Ben. Et pour moi. On ne se voyait pas souvent, mais le fait de voir sa famille réunie en certaines occasions vous procure un sentiment singulier d'unité.

Ben écouta attentivement tout ce que dit le prêtre. C'était curieux comme je le trouvais soudain grandi.

Le sida m'avait appris que le corps humain est capable de transformations physiques stupéfiantes. J'avais pu l'observer sur Ben en quelques semaines. Je prenais maintenant conscience que l'âme aussi pouvait changer. Même chez un petit garçon.

Quand ce fut fini, je m'approchai de Ben avec une serviette. Il se tenait debout, ruisselant d'eau dans son pantalon, sa chemise blanche. Il me tendit les bras.

— Je t'aime, maman, me dit-il.

Il était tellement maigre que j'avais l'impression de voir son âme briller sous la chair. Sa lumière emplissait la pièce.

Je n'oublierai jamais cette vision d'ange fragile. Son corps se délabrait, mais son cœur resplendissait. L'image est à jamais imprégnée en moi.

3

« Est-ce que tu m'en voudras si je meurs ? »

Le temps passa. Juillet succéda à juin. Et, comme toujours en cette saison, les brumes matinales envahirent Carmel.

On trouva une maison plus grande, une avec deux salles de bains. Grant termina l'un de ses chantiers et s'attaqua au suivant.

Beau perdit deux dents de lait. Aber devint trop grand pour son tricycle et il eut sa première bicyclette. J'achevai un de ces vitraux qui étaient mon violon d'Ingres et rangeai mes outils en me demandant si je les réutiliserais jamais.

Quant à Ben, il connaissait de bons et de mauvais jours. Les bons, nous profitions du moindre rire, de chaque sourire. Les mauvais, nous prenions notre mal en patience.

D'une certaine façon, vivre aux côtés de Ben était comme de travailler à un vitrail. Il fallait en prendre chaque moment coloré, chaque instant de paix pour en faire un ensemble qui soit le plus harmonieux possible.

Il n'y avait aucun moyen d'atténuer ses souffrances. Aucun moyen de ressusciter l'ancien Ben. Cela ne nous empêchait pas d'essayer.

Il y eut du yaourt à la fraise à volonté, pour lequel Ben avait développé un goût exclusif. Il y eut d'innombrables sorties à *Oscar Hossenfelder*, un parc d'attractions dans Cannery Row, à Monterey. C'était comme un Las Vegas pour enfants. Musique bruyante et barbe à papa, stands de jeux et tours de magie. Ben adorait. Il était encore adroit à des jeux comme la « pêche au trésor » ou le golf miniature, mais gagner lui était devenu quelque peu indifférent. Il donnait ses tickets gagnants à ses frères pour qu'ils puissent choisir le lot de leur choix.

Il y avait des moments qui, des mois plus tôt, nous auraient paru ordinaires. A présent, chacun de ces instants nous semblait singulier.

Grant et moi, nous nous efforcions de bannir le mot sida de nos conversations. On le réservait à nos visites à l'hôpital, quand nous en parlions avec les médecins. Mais le mot s'infiltrait chez nous... par la télévision, le journal, les amis de passage.

Beau n'avait pas six ans quand Ben était tombé malade. Il commençait tout juste à apprendre à lire. Mais il connaissait le mot sida. Je le découvris un soir où il perdit l'une de ses dents de lait. Ben m'accaparait tellement que je ne m'étais pas rendu compte que sa dent allait tomber.

Il arriva en courant, sa dent dans la main, pour me dire qu'il allait la mettre sous son oreiller, dans l'espoir que la fée lui apporterait un cadeau. Il savait pertinemment que la fée, c'était moi.

J'enveloppai des glaçons dans une gaze et appliquai la compresse sur sa gencive afin de ralentir l'hémorragie. Grant n'allait pas tarder à rentrer et il ferait à Beau une injection de facteur VIII.

Je leur faisais souvent moi-même leurs injections, mais je tremblais toujours en enfonçant une aiguille dans la chair de mes enfants. Grant, lui, faisait ça d'une main experte.

Lorsqu'il m'avait demandée en mariage, je me souviens de lui avoir dit avec appréhension qu'il était possible que je sois porteuse du gène. « Ce n'est pas grave, Chris », me répondit-il. Dans un sens, il avait raison.

Quand Ben naquit, nous étions tellement joyeux que nous eûmes l'impression de consoler ce brave docteur Penn, quand il nous apprit d'une voix triste les résultats positifs du test d'hémophilie.

— Ça ira, lui dis-je. Ben ne sera pas circoncis, de toute façon.

Je me rappelle avoir écrit dans mon journal que s'il y avait la guerre, comme cela semblait être le cas à chaque génération, mon fils n'irait pas se battre.

La première hémorragie de Ben survint alors qu'il avait à peine huit mois. Il se fendit la lèvre en tombant. On le transporta à l'hôpital, et il hurla tandis que Grant et moi le tenions pour que le docteur Penn lui fasse sa première injection. Cela me parut tellement cruel, tellement douloureux de voir l'aiguille s'enfoncer dans la veine de son front, la seule qui fût apparente... et ce ne devait être que la première d'une longue série !

Quand Ben eut quatre ans, le traitement de l'hémophilie avait fait de considérables progrès. Le plus important était la possibilité d'intervenir soi-même en cas d'hémorragie au lieu de courir à l'hôpital à la moindre blessure. Cela épargnait du temps et de l'argent. Surtout, cela nous donnait le sentiment d'être moins impuissants à chaque fois qu'un accident se produisait.

Le traitement à domicile était possible dans la mesure où l'on était parvenu à extraire le facteur de la coagulation qui manquait aux hémophiles. Au lieu d'une transfusion de sang provenant d'un seul donneur, ce qui n'était pas toujours suffisant pour arrêter l'hémorragie, on disposait désormais d'un facteur concentré à partir du sang de nombreux donneurs.

Ainsi l'hémophilie devenait-elle contrôlable. Il suffisait de disposer chez soi d'une provision de facteur VIII, conservée au réfrigérateur, et, en cas d'accident, de procéder immédiatement à une injection.

Par ailleurs, nous avions appris, comme tous les parents d'hémophiles, à prévenir l'apparition des hémorragies en limitant les risques de choc et d'accident. Pas de football mais du base-ball, une bicyclette plutôt que des patins à roulettes. Il fallait se montrer préventif sans tomber dans une protection trop sévère, qui aurait fini par alarmer nos garçons. Nous devions veiller à ce que leur handicap physique ne rejaillisse sur leur moral et n'en fasse des êtres craintifs.

Je me souviens du jour où l'institutrice de Ben, à la maternelle, m'envoya une photo des enfants jouant au toboggan. Ben ouvrait grands les yeux, les bras écartés en s'élançant sur la glissière. Elle joignit une note pour me dire que Ben était le moins peureux, le plus audacieux de la classe. J'en fus très fière. Fière que mes enfants ne se laissent pas dominer par leur maladie.

Or, pour je ne sais quelle raison, Beau se montra inquiet ce soir-là, quand Grant prépara la seringue.

— Ne laisse pas de bulles, papa ! recommanda-t-il. Ne laisse pas de bulles !

— Ne t'inquiète pas, Beau, le rassura Grant.

— S'il te plaît, papa, fais bien attention.

Grant, alarmé, reposa la seringue et demanda à Beau ce qui n'allait pas. Beau, les yeux embués de larmes, avait peur.

— Je ne veux pas attraper le sida, répondit-il. Je ne veux pas attraper le sida comme Ben avec les bulles.

Nous ne savions pas comment Beau avait pu imaginer que le sida se transmettait par les bulles. Alors que Grant lui expliquait qu'on ne risque pas de contracter le sida par les bulles, je pris l'ampoule de facteur VIII et lui montrai les initiales ST gravées sur le verre.

— Tu vois, Beau, ces deux lettres, ST ? Elles signifient stérilisation thermique. Cela veut dire que le contenu de cette ampoule a été chauffé jusqu'à ce que tous les microbes qui pouvaient s'y trouver soient détruits. Et nous n'utilisons plus que du facteur stérilisé... aussi tu n'as pas d'inquiétude à avoir.

Jusqu'à ce moment, il ne m'était jamais venu

à l'esprit que Beau aurait pu lui aussi être exposé au virus du sida. Accaparée comme je l'étais par Ben, je n'y avais pas pensé.

Beau était né en 1979, quatre ans avant qu'ils ne généralisent la stérilisation du facteur. Il aurait donc pu être exposé comme Ben au virus. Le hasard en avait voulu autrement.

Quant à Aber, né après les stérilisations systématiques, il ne risquait rien de ce côté. Toutefois, pour en avoir le cœur net, je décidai de leur faire passer le test de dépistage.

Je n'avais que trois ans quand mon frère Scott naquit atteint d'hémophilie. A chaque hémorragie, il devait passer près d'une semaine à l'hôpital, à subir des transfusions. Mon frère Randy et moi, nous attendions dans la salle d'attente du centre médical de l'UCLA avec des dessins à colorier, car nous étions trop jeunes pour monter dans la chambre de Scott.

J'ai un souvenir très vivace de cette salle, où je passais tant d'heures et tant de jours à attendre mon père et ma mère.

En plus de son hémophilie, Scott était né avec un glaucome, et il avait dû subir de nombreuses opérations aux yeux. Il avait à peine deux ans quand, à la suite d'une hémorragie postopératoire, il perdit un œil. Quand sa vision commença à décliner dans l'autre œil, une nouvelle intervention fut nécessaire.

Je me rappelle encore son retour de l'hôpital, cette fois-là. Il était assis sur le tapis du salon, un pansement sur les yeux, et il pleurait. Il voulait enlever les bandages afin d'y voir de nouveau. Mais il ne le pouvait pas.

Randy et moi étions assis sur le canapé.

— Pourquoi je ne peux pas être comme les autres enfants, comme Chris et Randy ? demanda Scott. Quand est-ce que je pourrai jouer de nouveau ?

Ma mère s'assit à coté de Scott et elle lui prit la main. Je n'oublierai jamais le son de sa voix, sa façon de lui parler avec douceur, les paroles qu'elle prononça.

— Tu sais, Scott, il y a différentes manières de voir. Nous utilisons nos yeux parce que c'est le plus pratique. Mais nous pouvons également voir avec nos autres sens. Nous pouvons apprendre à voir avec le toucher, le goût, l'ouïe, l'odorat.

Nous l'écoutions tous trois avec attention.

— Scott, quand on t'enlèvera les pansements, ce sera différent cette fois. Tu ne pourras plus voir avec tes yeux. Mais tu apprendras à voir autrement. Et je serai là pour t'aider.

Elle prit alors Scott dans ses bras et elle pleura silencieusement. La vie de Scott ne serait plus jamais la même.

Je n'oublierai jamais ce moment. Le courage dont ma mère témoigna. La force qu'elle sut communiquer à Scott.

Elle présenta le terrible handicap de Scott comme une aventure. Elle persuada Scott qu'il allait apprendre à voir par toutes sortes de moyens magiques que les autres garçons et filles ne connaissaient pas. Avec ses mains, avec ses oreilles. Avec son cœur. Et surtout, elle serait là pour le guider à chacun de ses pas.

Après que Ben fut malade, je commençai à considérer de façon différente ce souvenir. Je n'étais plus une petite fille, mais une mère moi-même. Comment ma mère avait-elle pu trouver les mots justes à dire à Scott alors qu'elle devait, je le comprenais maintenant, tant souffrir elle-même ? Comment parvint-elle à guider Scott dans l'obscurité, à lui faire comprendre que même dans les ténèbres qui l'attendaient il trouverait de la beauté et, peut-être, du plaisir ?

En tout cas, elle y parvint. Malgré sa cécité, son hémophilie, Scott alla au collège, trouva un travail et réussit à être autonome. Il était farouchement indépendant mais il ne refusait jamais d'aider quiconque dans le besoin. Quand il eut connaissance de la maladie de Ben, il fut le premier à m'appeler et à me témoigner sa compassion.

C'est que mon frère Scott revenait de loin. Il n'avait que huit ans quand il devint aveugle. Huit ans. L'âge de Ben.

Serais-je capable d'en faire autant avec mon fils ? Trouverais-je les mots magiques qui sauraient apaiser les craintes quand le pire serait à redouter ? Par où commencer ? Et, surtout, avais-je ce don en moi ?

Quel but à atteindre pouvais-je inspirer à Ben ? Quel motif pouvais-je lui donner pour qu'il s'efforce de vivre, qu'il apprenne à endurer la souffrance, alors que les médecins n'avaient aucun espoir de le sauver ?

Comment pourrais-je l'aider à se tourner vers

l'avenir, quand mon seul désir était de ramener le temps en arrière, de revenir à ce jour où Ben avait reçu une injection fatale, et de refaire l'histoire ?

Evidemment, je savais que cela était impossible. Et ce fut de cette impuissance que naquit un sentiment de colère qui se substitua à ma peur.

La colère était une chose qui m'avait été jusqu'ici étrangère. Oh ! il m'arrivait bien sûr de me mettre en rogne comme tout le monde, le plus souvent pour des faits finalement sans véritable importance, comme lorsqu'on marche dans l'excrément d'un chien. Mais ce n'était pas de la colère, seulement une grogne passagère. Je ne me conduisais jamais comme ces automobilistes qui s'insultent entre eux et qui sont capables d'en venir aux mains pour une aile froissée. Et, à présent que je sentais ce sentiment s'installer en moi comme un parasite indésirable, j'en étais d'autant plus bouleversée que j'en pesais toute l'inanité. Non seulement cela ne me servait pas, mais j'avais l'impression malaisée de porter les vêtements de quelqu'un d'autre.

Je ne le savais pas vraiment à l'époque, mais je serais la première de la famille à devoir affronter en moi cette colère qui nous ronge quand l'adversité nous trouve démunis et impuissants. Je trouvais terriblement injuste que Ben soit aussi cruellement frappé, et il me fallait des coupables.

Oh ! je n'étais pas en colère d'une façon permanente ! Mais cela m'arrivait au moment où je ne m'y attendais pas. Un incident survenait, qui me rappelait le mal dont souffrait Ben. Comme cette fois où Ben arriva dans la cuisine, alors que Grant et moi préparions le dîner.

— Papa, qu'est-ce que ça veut dire, *homo* ? demanda-t-il.

« Oh ! non, Ben, me dis-je, je t'en prie, pas cette question-là ! C'est déjà tellement injuste que tu aies tant à souffrir sans que tu viennes maintenant alourdir ta peine de ce problème. »

— Pourquoi demandes-tu cela, Ben ?

— Parce que je l'ai entendu à la télé. Ils disent que Dieu punit les homos en leur envoyant le sida.

— Ils ne parlent pas de toi, Ben, dis-je.

Grant et moi, nous nous sommes regardés, perplexes.

— Si on allait tous dans le salon ? proposa Grant.

Beau et Aber jouaient dehors. Le dîner pouvait attendre. Mais pas la question de Ben. Nous devions en parler tout de suite.

L'an passé, Grant s'était entretenu de la même façon avec Ben, après qu'il fut revenu de l'école en nous demandant le sens d'un gros mot qu'il ne comprenait pas. Nous n'avions alors pas prévu de lui parler de la sexualité, mais nous ne voulions pas non plus qu'il en ait une connaissance par les grossièretés qu'elle pouvait inspirer. Aussi Grant lui avait-il expliqué comment on concevait un enfant et avait tenté de lui faire comprendre que le sexe faisait partie de la vie de chaque couple aimant.

Ben avait paru satisfait de ces explications.

A présent, il avait une bonne raison de s'interroger au sujet des homosexuels. Il souffrait d'un mal que les médias dépeignaient comme lié à la communauté homosexuelle. Aussi voulait-il savoir ce que voulait dire *homo.*

Il retournerait bientôt en classe et il en entendrait bien d'autres. Il fallait donc qu'on lui explique ces choses pour ne pas avoir l'air de lui cacher quoi que ce fût. En même temps, il nous paraissait injuste de lui troubler l'esprit, alors qu'il souffrait déjà tellement dans son corps.

Je ne savais pas exactement ce qu'il avait entendu à la télé. Mais cela avait été suffisant pour susciter sa curiosité.

— Tu te souviens, Ben, de ce qu'on t'a dit sur le risque d'attraper le sida avec une injection de facteur VIII ? lui rappela Grant. Eh bien, on peut être contaminé de diverses manières. Les gens qui se droguent contractent le sida en se servant d'une aiguille utilisée par quelqu'un qui est déjà contaminé. Et les homos l'attrapent entre eux.

— C'est ce qu'ils disent tout le temps à la télé, papa, dit Ben. Au sujet des homos. Mais qu'est-ce que c'est, un *homo,* papa ?

— Les homosexuels sont des gens enclins à aimer ceux qui sont du même sexe qu'eux. Ce sont ces personnes, principalement des hommes, que l'on désigne par ce mot.

Ben semblait ne pas très bien comprendre. Grant savait qu'il devrait se montrer plus explicite, et je le vis qui cherchait ses mots.

— Tu sais, Ben, il arrive que des hommes... s'aiment comme s'aiment un homme et une femme...

Grant continua d'expliquer à Ben que notre Eglise réservait cette sorte d'amour seulement aux époux.

— C'est pourquoi Dieu les punit avec le sida ?

— Non, Ben, je ne le pense pas. Dieu aime tous Ses enfants, même ceux qui font des choses qu'Il n'aime pas.

— Et il ne me punit pas, moi ?

— Non, Ben. Il ne te punit pas. Je t'en prie, ne pense jamais, jamais, tu entends, que tu aies pu faire quelque chose de mal. Tu n'as rien fait de mal, Ben. Rien.

Je pris Ben dans mes bras. Comme j'aurais aimé qu'il n'eût jamais pareille pensée !

— Tu as attrapé un microbe, Ben, voilà tout, lui dis-je. Quand tu prends froid, tu ne penses pas que Dieu te punit, n'est-ce pas ?

Cela lui parut sensé.

— L'Eternel t'aime beaucoup, Ben. Beaucoup. C'est pourquoi nous Le prions de t'aider à aller mieux. Nous t'aimons tous beaucoup. Et nous ne voulons pas que tu te tracasses avec ces questions. D'accord ?

» Et puis je connais un petit garçon dans cette maison qui a dépassé l'heure de monter se coucher.

Ben alla au lit, soulagé, apparemment satisfait de nos explications.

Quelques jours plus tard, Grant et moi, nous nous préparions à notre traditionnel « rendez-vous » du vendredi soir. J'étais tellement heureuse que ce soit vendredi et que Grant soit à la maison. Ces quelques heures passées « en amoureux » le vendredi soir nous donnaient la force de poursuivre. Elles étaient la seule évasion que nous nous accordions. Elles nous rappelaient que nous pourrions nous en sortir... ensemble.

Pendant que je m'habillais, le téléphone sonna. C'était ma mère. Elle appelait Ben. Ces deux-là avaient une relation forte. Et j'en étais très heureuse. Les grands-parents ont souvent la faveur des enfants. Il y a toujours dans leurs maisons de bonnes odeurs de tartes au four, des éclats de rire et des cadeaux alors que ce n'est pas encore votre anniversaire.

Je souriais en entendant la conversation de Ben avec sa grand-mère.

Quand il raccrocha, il me déclara que grand-mère et lui avaient tout préparé. Il allait lui rendre visite. Après tout, Beau et Aber avaient passé quelque temps chez elle, quand lui était à l'hôpital. Maintenant c'était son tour.

Je ne fis aucun commentaire. Voyant mon hésitation, Grant dit à Ben que nous en reparlerions demain matin.

Pour le moment, on était vendredi soir.

— Qu'est-ce qu'on fait ? On va au cinéma ? demanda Grant.

Nous y allions souvent, pour y voir surtout des films comiques. Mais il y a peu de salles de cinéma en ville. Aussi nous contentions-nous parfois de dîner. Etre ensemble était tout ce qui comptait. Rien que nous deux.

— Il y a ce petit restaurant que tu voulais essayer, suggéra Grant.

On nous donna une table dans un coin. Et cette

intimité nous réjouit. Chandelles. Nappe et serviettes en tissu. Un enchantement.

Grant me prit la main.

— Chris, tu as besoin de repos, me dit-il. Tu as l'air fatiguée, tu sais. Pense au bébé, pense à toi aussi. A mon avis, c'est une excellente idée que Ben aille passer quelques jours chez sa grand-mère.

— Mais, Grant, c'est tellement difficile de le faire manger, de lui faire prendre ce médicament pour sa gorge. Aujourd'hui, il ne voulait plus entendre parler de ce collutoire. Il m'a dit que sa gorge allait mieux et qu'il n'en avait plus besoin. S'il arrivait quelque chose ?

— Il n'arrivera rien. Il sera très bien là-bas. Et nous pourrons emmener Beau et Aber avec nous au bord de la mer chez mes parents. Et puis, Chris, Ben a envie de partir. Nous ne sommes pas les seuls dans sa vie.

Je le savais. Mais depuis sa maladie, je ne voulais plus le quitter des yeux. Il avait besoin de moi autant que j'avais besoin de lui. C'était comme lorsqu'il était tout petit. Je ne le lâchais jamais d'une semelle. Mais il n'était plus un bébé. Grant avait raison. Ben était mon aîné, mais il était également le premier petit-fils de ma mère. Je ne pouvais nier l'affection qu'ils se portaient.

— D'accord, dis-je.

Nous ouvrîmes le menu. Grant y jeta un regard puis le referma pour se pencher vers moi et murmurer :

— Bon, maintenant que voilà une chose réglée, évadons-nous.

— Quoi ? Oh ! excuse-moi, je suis un peu lente ce soir. D'accord, évadons-nous. Où allons-nous ?

— Il y a un avion pour Hawaii, cette nuit.

— Ah oui, Turtle Bay.

— On fera suivre nos bagages.

— Oui, bonne idée.

Nous nous amusions ainsi à rêver quand la serveuse installa deux homosexuels à la table voisine. Nous redescendîmes aussitôt sur terre.

Au début, nous nous efforçâmes de les ignorer. Puis les deux hommes commencèrent à avoir l'un pour l'autre des gestes tendres, et je ne pus le supporter davantage.

Je sais que c'était une attitude absurde. Mais où que se portât mon regard, je trouvais toujours quelque chose pour me rappeler le sida. Ne pouvais-je pas avoir un vendredi soir libre de cette ombre ? Etait-ce trop demander ?

— Partons, demandai-je à Grant.

Nous nous hâtâmes de payer l'addition et de sortir.

Je n'en voulais pas à ces deux hommes. Je ne les connaissais pas. Mais j'étais en colère. En colère qu'il n'y ait jamais de répit. En colère parce que nous avions beau faire, Ben avait toujours le sida. Il n'y avait aucun moyen nulle part d'y échapper. Il y avait peut-être quelque part dans le monde un lieu sans sida. Nous pouvions le supposer. Nous pouvions l'imaginer. Nous ne pouvions pas y aller.

Nous emmenâmes Ben à Stanford pour un examen de routine avant qu'il parte chez ma mère. Et pendant que le docteur Glader l'examinait,

Beau et Aber subirent le test de dépistage. On nous demanda, à Grant et à moi, de passer également le test, à des fins de statistiques.

Le docteur Glader était satisfait de l'état de Ben. Il mentionna dans son diagnostic que Ben était « cliniquement mieux », et il nous fit observer que Ben avait repris un peu de poids et qu'il avait bien meilleur moral.

Ben lui avait parlé de la nouvelle maison où nous allions emménager et de l'école où il rentrerait bientôt.

— Il n'y a aucune raison que Ben ne reprenne pas ses cours, nous dit le docteur Glader.

Nous sommes rentrés la joie au cœur. Nous avons chanté. Il nous arrivait souvent de chanter, pour passer le temps. Cette fois, nous chantions parce que nous étions heureux. Nous chantions parce que Ben allait mieux.

Le lendemain, Grant et moi sommes passés à l'école de Ben. La directrice se déclara ravie de revoir Ben dans son établissement.

Les cours reprendraient dans moins d'un mois, et Ben allait pouvoir réaliser un autre de ses projets notés sur sa liste. Il était prêt à se rendre chez sa grand-mère.

Une fois de plus, mes parents acceptèrent de faire la moitié de la route. J'étais inquiète durant le trajet. Mais Ben, lui, était enthousiaste.

Toutefois, quand je l'eus confié à mes parents, je me mis à penser qu'il serait parfaitement bien chez eux. Il adorait les curiosités et les antiquités de ma mère. La maison serait pour lui comme un magasin rempli d'objets fascinants. Je le vis dans l'atelier de mon beau-père, qui adorait travailler le bois. Bref, je me persuadai que Ben serait content et que ce séjour lui ferait le plus grand bien.

J'avais besoin de cette pause. Il était temps également que je m'occupe de Beau et d'Aber, que je me prépare à notre installation dans notre nouveau logement.

Quelque temps plus tard, dans la soirée, le téléphone sonna. C'était ma mère.

— Chris, me dit-elle, je voulais te dire qu'on était bien arrivés.

— C'est gentil, dis-je. Comment va Ben ?

— Il va bien, mais, Chris... Ben est inquiet... Mon Dieu, comment pourrais-je t'expliquer ? Ben a peur que...

— Que se passe-t-il, maman ? Rien de grave ?

— Non, rien de grave. Il dort. Je lui ai donné un bain parfumé à la fraise, comme celui que je te donnais quand tu étais petite, et je l'ai mis au lit. Mais il y a quelque chose que tu dois savoir. Ben et moi avons longuement parlé ce soir. Nous étions dans le salon et il avait cette baleine en bois qu'a sculptée Ralph, tu sais, celle qu'il aime tant. Et... ma foi, Chris... Ben sait qu'il va mourir et il a peur que Grant et toi lui en vouliez... C'est pourquoi il m'a demandé de vous appeler.

— Lui en vouloir ? Lui en vouloir de quoi, maman ?

Ce fut d'une voix entrecoupée de sanglots que ma mère me raconta la suite de leur conversation.

— Il m'a demandé d'abord si je lui en voudrais s'il mourrait et allait vivre au ciel, et je lui ai dit que non, bien sûr. Il était mon premier petit-fils, celui qui avait fait de moi une grand-mère, et que je l'aimais trop pour lui en vouloir de quoi que ce soit. Puis il m'a dit qu'il ne savait pas à votre sujet, que vous lui en voudriez peut-être parce que vous l'aviez toujours eu avec vous et que vous l'aimiez beaucoup.

— Tu lui as dit, n'est-ce pas, maman, que jamais, jamais il ne nous viendrait à l'idée de...

— Bien sûr, ma chérie, que je lui ai dit.

Les gens se confiaient volontiers à ma mère. Elle inspirait une telle confiance qu'ils s'ouvraient à elle. Je n'étais pas surprise que Ben lui ait confié ses inquiétudes.

J'étais contente que Ben soit avec elle. Je savais que notre heure viendrait, à Ben et à moi, de parler.

Pour le moment, je ne me sentais pas de force à avoir une telle conversation. Je pouvais m'entretenir avec les médecins de l'état clinique de Ben, mais c'était à ma mère que je m'adressais en ce moment, et ma mère me parlait de la mort de Ben.

— Il a besoin qu'on le rassure, dit-elle. Tu sais, il veut qu'on lui dise que tout va bien, qu'on l'aime.

— Oui, je lui parlerai, maman. Nous n'avons pas voulu le faire pour ne pas l'effrayer. Nous n'attendons pas de miracle, mais il irait plutôt mieux depuis qu'ils ont commencé à soutenir son système immunitaire. En attendant, nous prions...

— Nous aussi, Chris. Je te remercie d'avoir

laissé Ben venir chez nous. Je sais combien c'est difficile pour toi de le perdre de vue, si je puis dire, mais nous nous occuperons bien de lui, tu peux nous faire confiance.

— Merci, maman.

— Bonne nuit, Chris, et ne t'inquiète pas à son sujet. Il va bien.

— Bonne nuit, maman. Je t'aime.

Ce week-end-là, Grant et moi, nous emmenâmes Aber et Beau à la plage, à San Clemente, où vivaient les parents de Grant. Et pendant deux jours, nous fûmes de nouveau une famille heureuse, une famille normale. On acheta des cornets de glace, on construisit des châteaux de sable, et je veillai à ce que Beau et Aber n'attrapent pas de coups de soleil, un souci qui me paraissait si ridiculement mineur par rapport à cet autre qui me rongeait depuis des mois.

Peut-être que si je n'avais pas vu Ben assis à côté de ses petits frères avec leurs taches de rousseur et leurs nez rougis par le soleil, peut-être n'aurais-je pas été aussi choquée par son apparence, quand nous vînmes le chercher chez ma mère.

Il était allongé sur le canapé, pâle et maigre comme je ne l'avais jamais vu. « Comment est-ce possible ? » pensai-je, le cœur serré.

Il se redressa pour nous embrasser, Grant et moi. Mais aussi faible fût-il, il s'empressa de raconter son séjour à ses deux frères. Ces derniers, resplendissants de santé, prirent place sur le canapé à côté de lui, impatients qu'ils étaient d'entendre chaque détail.

Je me rendis dans la cuisine, et Grant me suivit. Il m'entoura les épaules de son bras. Il était aussi choqué que je l'étais de voir Ben dans cet état. Comment cela pouvait-il aller si vite ? Ma mère remarqua aussitôt notre désarroi en entrant dans la pièce.

— Maman, il a l'air... vraiment mal. Il est tellement pâle.

— Oui, depuis trois jours. Il s'est senti très bien les premiers jours. Et puis il n'arrivait plus à manger. Il essayait pourtant. Il essayait de toutes ses forces, mais il rendait immédiatement tout ce qu'il avalait. Je ne savais plus que faire.

Je voyais les différentes boîtes de soupe qu'elle avait ouvertes, alignées sur le comptoir de la cuisine. Comme à la maison quand je cherchais désespérément quelque chose que Ben puisse manger. Je savais que ma mère avait fait comme moi, et je sentais de la même façon sa peine et sa frustration.

— Qu'allons-nous faire, maman ?

Elle me serra contre elle, comme elle le faisait quand j'étais petite.

Puis Ben arriva pour nous dire que grand-père et lui voulaient nous montrer quelque chose.

Nous le suivîmes dans le jardin de derrière jusqu'à la table rustique sur laquelle on déjeunait toujours. Ralph avait tenu, dans sa jeunesse, une buvette où les clients avaient la permission de graver leurs noms sur le comptoir. Ralph avait travaillé le bois durant toute sa vie. Il avait appliqué la coutume de la buvette à la table du jardin.

A chaque fois qu'un parent ou un proche passait par là, il y gravait ses initiales ou le dessin de son choix à l'aide d'un petit ciseau à bois électrique. Ben y avait apporté sa signature assez particulière, et je ne sus si je devais en rire ou en pleurer en la voyant. Il avait gravé, et à la perfection, un hamburger, n'omettant aucun détail, jusqu'aux graines de sésame sur la croûte et aux bouts de laitue dépassant des tranches.

— Il y a travaillé pendant des heures et des heures, raconta Ralph. Il s'est d'abord entraîné sur une planche de bois. Vous savez, il a un sacré coup de main.

— Merci, Ralph. (Je l'embrassai sur la joue.) Tu représentes beaucoup pour lui.

J'entrepris de récupérer les affaires de Ben pendant que Grant allait l'installer dans le van. Ce devait être un moment particulièrement pénible pour ma mère. Ce n'était pas seulement son petit-fils qu'elle voyait souffrir, mais également sa fille. Je l'aimais tellement. Elle avait toujours été là à chaque fois que j'avais eu besoin d'elle.

Ce séjour chez ma mère et Ralph resta pour Ben un grand souvenir pendant les longs mois difficiles qui suivirent. Il raconta souvent les épisodes qui avaient marqué le « voyage du bain à la fraise », comme il l'avait surnommé : la fois où il était allé au cinéma avec ses cousins Brett et Joey et qu'il avait tellement ri qu'il avait renversé sur eux son paquet de pop-corn ; comment il avait fabriqué avec grand-père deux abris pour les oiseaux, l'un au nom de grand-mère, l'autre à mon nom. De menues choses, mais qui avaient le don d'éclairer son regard.

Sur le chemin du retour, Ben nous demanda de lui-même si nous ne pouvions pas l'emmener à l'hôpital. Il savait qu'il était très malade. Il ne dit pas grand-chose quand les médecins l'examinèrent. Il pesait dix-sept kilos, moins que son petit frère de trois ans. Il tendit le bras à l'infirmière venue lui faire son injection de gammaglobulines. Il savait qu'il devrait rester à l'hôpital.

Cette nuit-là, après que Grant et les garçons furent rentrés à Carmel, je restai auprès de Ben. Il avait retrouvé la chambre qu'il avait précédemment occupée. Je l'observai essayer de prendre un peu de nourriture.

Je le comprenais à présent. Ben n'était pas plus près de mourir en cet instant à Stanford qu'il ne le serait plus tard en rentrant à la maison, quels que soient les soins qu'on lui prodiguerait. En vérité, ce séjour à l'hôpital lui était nécessaire. Ils le placeraient sous perfusion pendant une ou deux semaines, et il se sentirait mieux après cela.

Mais Ben ne prétendit jamais aller mieux. C'était nous qui le prétendions. C'était le seul moyen que nous avions trouvé pour passer l'été. C'était humain, normal. Grant, Beau, Aber et moi étions normaux. Nous avions reçu les résultats de nos tests de dépistage. Négatifs. Il était donc normal qu'Aber continue de demander si Ben allait mieux. Normal que nous continuions d'attendre un miracle.

Nous avions des coups de soleil et des tickets de parking et toutes ces autres choses qui appartiennent aux gens normaux. En vérité, nous ne l'étions pas, normaux. Parce que Ben mourait lentement, et qu'il avait peur. Pas peur de mourir. Mais peur que nous soyons en colère après lui parce qu'il allait mourir. C'était ce que ma mère m'avait dit.

Pensait-il que d'une certaine façon il nous abandonnait ? Et qu'ainsi il nous faisait du mal ? Etait-ce cela son inquiétude ? Comment pourrais-je lui en parler ?

— Tu m'as manqué, Ben, lui dis-je. Je sais pourquoi tu avais envie d'aller voir grand-mère et Ralph. Et j'étais d'accord avec ça. Tu sais bien que je ne pourrais jamais t'en vouloir de faire un petit voyage. Je ne t'en voudrais même pas si c'était un long, très long voyage. Bien sûr, je serais triste que nous ne soyons pas ensemble, tu me manquerais, mais je ne t'en voudrais jamais.

Ben hocha la tête et me tendit son plateau. Il était fatigué.

— Toi aussi, tu m'as manqué, maman, dit-il avant de m'embrasser et de s'allonger dans son lit.

J'entendais les bruits de l'hôpital, tintements des chariots chargés des plateaux de repas dans le couloir, chuintement des pas des infirmières sur le linoléum.

Je savais que j'aurais peut-être dû continuer de parler à Ben, mais je n'étais plus capable d'articuler un mot. Demain il ferait jour.

4

« *Aide-moi, maman* »

Ce fut plus dur que jamais de quitter Ben le lendemain matin. Je n'avais pas le choix. Je devais rentrer à la maison pour m'occuper du déménagement. Il était environ midi quand je l'embrassai. A peu près à la même heure, Grant rangeait ses outils et prenait la direction de l'hôpital. Nous avons dû nous croiser quelque part sur la route. Et tandis qu'il allait dire bonjour à Ben, j'arrivai chez nous.

C'était déjà jeudi, et nous devions emménager dans notre nouveau logement le samedi. Encore deux jours, me dis-je, et ça ira mieux. Ben aura une chambre personnelle, ainsi qu'il le souhaitait. Nous pourrons tous prendre un nouveau départ.

Je ne m'étais pas rendu compte de la quantité de choses qu'il restait à emballer. Grant avait déjà commencé pendant mon absence. A l'heure du dîner, quand j'allai récupérer les garçons chez une voisine, où Grant les avait déposés en partant le matin, je m'aperçus que je n'avais pas beaucoup progressé dans mon rangement. J'éprouvais les plus grandes difficultés à concentrer mon attention. Mon esprit était encore avec Ben dans sa chambre à l'hôpital.

Je me souviens de m'être retrouvée aux environs de minuit en train de chercher le rouleau de ruban adhésif, fourrageant en vain parmi les cartons à moitié remplis et les tiroirs partiellement vidés. Je me demandais comment j'allais m'en sortir.

Pour la première fois de ma vie, je me découvrais incapable de faire ce que je devais pourtant faire, et vite. Je ne me sentais pas la force d'entreprendre ce déménagement. Je n'étais pas fichue de remplir des cartons. J'étais restée sur le pied de guerre depuis que Ben était tombé malade, et maintenant il me semblait que j'avais perdu toute énergie. Je n'arrivais plus à faire face. Plus du tout.

Je me laissai choir sur le canapé et fermai les yeux.

Dormir. J'avais envie de dormir. De dormir pendant des heures, des jours, des semaines. Et puis je me réveillerais, et Ben serait guéri, et nous emménagerions dans notre nouvelle maison. J'étais sûre alors que je le trouverais, ce rouleau de ruban adhésif.

C'était tellement tentant de se laisser emporter par le sommeil !

Mais une voix me soufflait que je ne pouvais pas faire cela. Je ne pouvais pas abandonner. Pas moi, Chris, qui avais toujours accompli ce qu'il y avait à faire.

Je restai assise là, enceinte de sept mois, stupéfiée de fatigue et de confusion. Je ne savais plus ni quoi ni comment entreprendre l'indispensable, l'élémentaire. Je me sentais comme paralysée, toute volonté annihilée.

Je ne sais pas combien de temps je demeurai prostrée sur le canapé. Un quart d'heure ? Une demi-heure ? A la fin je tendis la main vers le téléphone et composai le numéro de ma mère.

— Maman, dis-je d'une voix tellement désespérée qu'elle me parut étrangère, je ne sais plus quoi faire.

Il m'était égal de donner l'impression de capituler, de me soumettre à une fatalité qui me dépassait. Je n'avais plus de force et personne d'autre vers qui me tourner.

— Maman... aide-moi. Je n'arrive même plus à penser. Tout est si... si... Je ne sais plus... Je veux seulement que tu me dises ce que je dois faire... Dis-le moi exactement, que je le note et que je le fasse comme... comme un robot...

J'avais le sentiment de me décharger de toutes mes tâches. Le déménagement, le nettoyage de notre nouvelle maison, les repas pour les enfants, les coups de fil à Ben, le rendez-vous à prendre pour le lendemain avec le médecin.

— Calme-toi, ma chérie, me dit ma mère. Prends ton calepin, ton crayon, et je vais te dire ce que tu dois noter en premier sur ta liste. D'abord trois choses. Tu m'écoutes ? Grant, les garçons et toi. Seulement ces trois-là. Quand tu te tracasseras pour le reste, pense avant tout à la famille, ta famille. C'est elle seule qui compte. Le reste n'est que détails.

Bien sûr, c'était évident, mais ce qu'il y avait de plus important se confondait dans mon esprit avec cette foule de menues tâches, qui étaient comme des sables mouvants dans lesquels j'avais l'impression de m'enliser. Tous ces cartons à faire, par exemple, quand je me demandais pourquoi Grant et moi avions si peu l'occasion d'être ensemble. Je ne l'avais pas vu depuis bientôt vingt-quatre heures.

— Mais, maman, nous devons emménager samedi, et des amis vont venir nous aider à transporter toutes nos affaires.

— Veux-tu que je vienne t'aider ?

— Non, je ne veux pas te déranger pour ça. Je préfère que tu viennes nous voir quand nous serons installés.

Ma mère marqua une pause.

— Ecoute, me dit-elle enfin, je vais te donner la liste de ce que tu dois faire et, samedi, quand tu en auras terminé avec les détails, tu t'occuperas alors de ce qui est le plus important : Grant, les enfants et toi. D'accord ?

— D'accord.

— Très bien. Pour commencer, tu vas aller te coucher et, demain matin, quand tu te réveilleras bien reposée, tu t'attaqueras à ces fichus cartons et...

Je posai la liste sur la table de chevet et, quand je me réveillai, le lendemain matin, je la suivis comme un automate. Je me refusai de penser à quoi que ce fût. Je me levai, m'habillai, fis le lit afin d'avoir, comme dans une cuisine, un « plan de travail », et j'entrepris de vider la chambre, puis la salle de bains...

Ce soir-là, après que tout fut emballé dans les cartons, et ceux-ci empilés dans le vestibule, j'emmenai Beau et Aber dans notre nouveau logement pour y nettoyer la cuisine. Il faisait sombre dans la maison où il manquait la moitié des ampoules. J'installai un lit de fortune pour les garçons sur la moquette du salon, et je poursuivis mon nettoyage de la cuisine.

Quand mes chevilles enflées me signalèrent qu'il était temps que j'arrête, je rangeai mon matériel et m'en fus me reposer un instant à côté des enfants avant de les réveiller et de regagner la maison.

J'avais toujours éprouvé un sentiment doux-amer en changeant de maison. Nous allions quitter un petit appartement où nous avions longtemps vécu pour emménager dans une maison individuelle comme Grant et moi en avions souvent rêvé. Oh ! rien de luxueux ni de vaste, mais un lieu que nous pourrions aménager selon nos goûts, un espace chaleureux où notre petite famille serait confortablement installée.

Je regardai Beau et Aber endormis.

Que pouvaient-ils penser quand ils regardaient Ben ? Savaient-ils qu'il allait mourir ? Est-ce que Beau comprenait véritablement que le sida signifiait la disparition prochaine de son frère aîné ? Et Abraham ? Que pouvait savoir de la mort le benjamin de trois ans ?

Quelle serait la vie pour mes enfants dans cette

nouvelle maison ? A quoi ressembleraient les jours que passerait Ben dans sa chambre au bout du couloir ? Combien de semaines, de mois, d'années... vivrait-il ici parmi nous ?

Il ne fallait pas que je pense à ça, maintenant. J'étais trop fatiguée. Il était temps de rentrer.

Grant rentra tard de l'hôpital cette nuit-là. Nous déménagions le lendemain.

Il était un peu plus de sept heures du matin quand nous entendîmes le klaxon du break Volvo des Lacey. Joe était un lieutenant-colonel à la retraite, membre de notre Eglise, Mary, sa femme, une ancienne enseignante. Ils avaient souvent pris soin de Beau et d'Aber quand je me trouvais à l'hôpital.

Je sortis pour les accueillir. Mais il n'y avait pas que Mary et Joe. Les Karchner étaient là, et les Smith. Et d'autres voitures et camionnettes arrivaient. Toute une bande de bons amis, tous appartenant à notre Eglise. Les parents des adolescentes dont je m'occupais, et les hommes du groupe de Grant. Des gens de bonne volonté qui nous demandaient chaque dimanche s'il y avait quelque chose qu'ils puissent faire pour nous. De braves gens à qui je disais non, merci, parce que je ne savais pas quoi leur demander et parce que je n'avais jamais été en situation d'avoir besoin d'aide.

A présent, ils avaient trouvé à employer leur esprit d'entraide. Les hommes commencèrent de charger les cartons et les meubles. Les femmes m'aidèrent à finir de nettoyer. Quant à mes élèves, elles se chargèrent de veiller sur Beau et Aber.

Quand l'après-midi tira à sa fin, je n'en croyais pas mes yeux. Nous étions installés dans notre nouvelle maison. Elle était impeccablement propre. Les étagères dans la cuisine avaient été recouvertes d'un papier blanc adhésif. Le freezer était rempli de plats surgelés et de desserts pour toute une semaine. Et le lit en érable et la commode qui avaient appartenu au grand-père Oyler, quand il était petit, avaient été enfin descendus du grenier pour trôner dans la nouvelle chambre de Ben.

Grant et moi, nous étions fatigués mais heureux. Nous nous sommes appuyés, je m'en souviens, contre le mur du salon pour contempler notre œuvre, et puis nous nous sommes laissés glisser jusque par terre, assis l'un à côté de l'autre.

— Que penses-tu de quelques étagères de chaque côté de la cheminée ? demandai-je.

— Oui, et on pourrait agrandir la cuisine, et aménager le grenier, dit Grant. On y installerait le bébé.

Je me penchai vers lui pour l'embrasser.

— Sais-tu ce que j'aimerais avoir ?

— Moi ? demanda-t-il en riant.

— A part toi. Une table ronde dans la cuisine. C'est plus agréable qu'une rectangulaire. On se voit mieux les uns les autres à table. C'est comme un cercle de famille.

Grant et moi avions recommencé à rêver, à rêver de choses qui avaient une chance de se réaliser. Nous avions recommencé de parler de l'avenir, comme s'il devait nous réserver encore d'heureuses surprises. Rien ne détruit jamais l'espoir.

Nous allâmes chercher Ben deux jours plus tard.

Il se sentait beaucoup mieux, et il courut voir sa chambre dès son arrivée.

— Maman ! Papa ! c'est formidable ! s'écria-t-il. Les meubles de grand-père !

J'aidai Ben à accrocher ses posters de *la Guerre des Etoiles* et à suspendre ses maquettes d'avions au plafond, puis j'installai l'ordinateur familial dans sa chambre, ainsi que Grant et moi en avions décidé.

Hormis les médicaments dans l'armoire, la chambre commençait à ressembler à Ben. Notre Ben.

Juste au moment où j'allais faire le lit de Ben, Beau et Aber arrivèrent en courant dans le couloir et se jetèrent sur le lit de Ben, qui les rejoignit aussitôt. Je me retournai pour voir Grant entrer dans la chambre en se dandinant et en grognant comme un ours. Je partis à rire.

J'adorais ce côté de Grant, qui avait su quelque part rester un enfant. Il me gratifia d'un sourire bref et sauta sur le lit au milieu des enfants.

— Il était une fois un ours énorme. Il avait de grands crocs, de longues griffes et de tout petits yeux méchants. Un jour, il sortit des bois. Poum, poum, poum...

Grant se remit à gronder, ce que, ma foi, il savait faire à la perfection. Les garçons le contemplaient avec de grands yeux où le plaisir se mêlait à l'effroi que l'histoire pouvait leur inspirer.

— Et savez-vous ce qu'il découvrit ? Trois petits garçons qui jouaient dans le jardin. Et vous connaissez les noms de ces enfants ?

— Ben ! dit Ben.

— Beau ! dit Beau.

— Aber ! dit Aber.

Je m'appuyai contre le chambranle et regardai mes quatre hommes. La voix grave et menaçante de Grant se mêlait à celles, aiguës, des enfants.

Ce joyeux brouhaha eut le don de transformer soudain cette maison. Ce n'était plus ce nouveau logement dans lequel nous venions tout juste d'emménager, mais un foyer. Un foyer vivant, chaleureux. Le foyer Oyler.

Je gagnai notre chambre et me préparai pour la nuit. J'étais épuisée. Mais j'étais heureuse, plus heureuse que je ne l'avais été depuis des mois. Je pouvais m'endormir en pensant que le plus courageux des petits garçons saurait se défendre contre ce méchant ours. Il pointerait son bras, comme s'il était armé d'un couteau, visant la gorge, et l'ours Grant ferait mine de s'abattre de tout son long, pour le grand plaisir de ses fils.

La semaine passa à défaire les cartons, à dresser une clôture pour Darcy dans le jardin de derrière. Chacun mettait la main à la pâte. La maison avait besoin de quelques aménagements, mais je n'oubliais pas les recommandations de ma mère : m'occuper avant tout de Grant, des enfants et de moi-même.

La rentrée des classes avait lieu le lendemain. Grant et moi, nous nous rendîmes à l'école de Carmel River afin de nous entretenir avec la directrice. Nous voulions lui expliquer que Ben ne pourrait suivre tous les cours, du moins au début. Il serait toutefois capable de passer deux heures par jour en classe et il ferait connaissance avec ses nouveaux camarades. C'était ce qui comptait le plus pour lui. Il avait fait tant d'allées et venues de l'hôpital à la maison durant tout l'été qu'il n'avait pas fréquenté un seul garçon de son âge. A présent, il entrait dans un nouvel établissement, et il était impatient de se faire des amis.

— Je crains que la rentrée de Ben ne soit un peu... différée, nous dit-elle.

— Comment ça, différée ? Nous en avons parlé il y a quelques jours, et il ne semblait pas y avoir de problème, dis-je.

J'étais tendue. Ils ne pouvaient pas faire ça à Ben. Pas après que nous nous étions entendus à son sujet. Pourquoi personne ne nous avait-il rien dit ? Ne comprenaient-ils pas que Ben avait attendu ce jour-là pendant tout l'été ?

— Madame Oyler, vous savez que nous avons élu un nouveau conseil d'administration. Mr. Robert Infelice en est le président. C'est lui désormais qui est chargé des admissions, et je vous conseille d'aller le voir.

Grant et moi, nous ne pouvions en croire nos oreilles. Nous savions qu'à New York un enfant atteint du sida s'était vu refuser l'entrée en classe sous la pression de parents d'élèves redoutant une contamination. La télévision en avait fait grand cas. Mais nous avions informé l'établissement de l'état de Ben, et son acceptation nous avait été confirmée par la directrice elle-même.

— Quand pourrons-nous rencontrer ce monsieur ? demanda Grant.

— Je vais l'appeler, mais je sais qu'il est très occupé, car la rentrée a lieu demain, nous répondit-elle.

Cela, nous le savions. Et Ben ne l'avait pas oublié.

On nous accorda un rendez-vous pour le jeudi... deux jours après la rentrée. Tout ce que nous pouvions dire à Ben, c'était qu'il devrait attendre deux journées de plus. Il fut déçu, mais après tout, deux jours, c'était peu de chose.

— Nous avons un problème, nous déclara Mr. Infelice en nous recevant dans son bureau. Voyez-vous, certains parents sont hostiles à l'entrée de Ben dans cet établissement, et nous devons tenir compte de leurs craintes. Le conseil doit se réunir en novembre...

— Que pouvons-nous faire ? demandai-je. N'est-il pas possible d'informer les gens sur le sida ? Organiser une réunion de parents d'élèves, par exemple ?

— Il nous faut d'abord réunir le conseil et les professeurs... en novembre...

Novembre ? Cela faisait deux mois à attendre. C'était beaucoup pour Ben.

— Mais Ben est prêt à entrer en classe, maintenant. Il attend ça depuis si longtemps ! Vous ne comprenez pas ce que cela signifie pour lui.

— Cela signifie aussi beaucoup pour d'autres parents. Et pour notre conseil. Le problème n'est pas simple.

— Mais leurs enfants ne pourront pas attraper le sida au contact de Ben. Toutes les études l'ont prouvé. Si la contamination était aussi facile que ces gens le pensent, mes deux autres garçons seraient déjà atteints. Ou moi, ou encore mon mari !

— Je comprends. Ce doit être extrêmement douloureux et difficile pour vous. Mais pensez à votre fils, madame Oyler. Qu'il reçoive un enseignement à domicile ne serait-il pas plus approprié ? Ben ne sera pas en état de supporter de longues heures de cours, n'est-ce pas ? Et il est très sensible aux infections. Il serait très exposé ici, ne serait-ce qu'à la grippe. Et puis les enfants peuvent se montrer cruels envers les plus faibles. Nous ne tenons pas à ce qu'il se retrouve dans un environnement hostile. Et je crains que ce ne soit le cas dans une classe composée d'enfants de huit et neuf ans.

Que savait-il de ce qui était bon pour Ben ?

— Mais, monsieur Infelice, intervint Grant, il est important pour Ben de se retrouver parmi des enfants de son âge. De faire de nouvelles connaissances.

Mais l'opinion de Mr. Infelice et du conseil d'administration était faite. Légalement obligés de donner à Ben un enseignement, ils lui enverraient un éducateur à domicile. Ils tiendraient par ailleurs une réunion de parents d'élèves afin de les informer sur le sida. Puis le conseil débattrait de l'admission de Ben lors de sa prochaine réunion, en novembre.

C'était tout.

Nous étions bouleversés, Grant et moi, en rentrant à la maison. Je ne comprenais pas pourquoi nous n'avions pas été consultés ni même informés de cette décision. Pourquoi ce silence ? Comment avaient-ils pu nous assener ainsi la nouvelle au dernier moment ? Nous n'avions pas voix au chapitre. J'étais folle de rage. C'était tellement injuste ! Et absurde. Leur décision était déjà prise, et nous n'avions d'autre possibilité que de rendre le fait public. Comme la famille de ce petit garçon de New York. Mais était-ce une solution que de nous exposer à la curiosité publique ? Aux caméras de la télévision ? Quel effet aurait toute cette publicité sur Ben ? Etait-ce de cette façon que nous voulions employer notre énergie ? Non. Mieux valait consacrer toutes nos force à rendre la vie la plus confortable possible à Ben.

Cependant, nous n'étions pas prêts à abandonner. Pas aussi facilement. Nous nous opposerions comme nous le pourrions aux conditions de l'école. Mais comment annoncer à Ben qu'il ne pouvait aller en classe ? Quel nouveau but pourrait-il se donner ? La seule chose à laquelle je pensais était le club de scouts. Ben avait déjà son uniforme. J'appelai le club pour savoir si Ben y était encore le bienvenu. La cheftaine me répondit qu'elle serait enchantée de l'accueillir à leur première réunion qui aurait lieu dans la semaine.

— Et voilà, Ben, c'est presque fini, annonçai-je

en lui faisant enfiler sa culotte que j'avais dû reprendre à la taille.

— Super, maman, dit-il en se regardant dans la glace.

— Ben, viens t'asseoir avec moi, lui dis-je en désignant le canapé. Il y a quelque chose que je dois te dire.

Il me regarda.

— Qu'est-ce que c'est, maman ?

— C'est au sujet de l'école, Ben. Tu ne pourras pas y aller demain.

Je vis des larmes embuer ses yeux.

— Pourquoi ?

— Tu te souviens de ce que nous disions à propos du sida ? Que cette maladie faisait peur parce qu'on ne la connaissait pas ? Eh bien, beaucoup de gens craignent que les risques de contagion ne soient plus grands qu'ils ne le sont en vérité. A l'école, il y a des parents d'élèves qui ont peur pour leurs enfants. Il y aura des réunions pour les informer que leurs craintes ne sont pas justifiées. Mais cela prendra du temps. Deux mois, peut-être plus. En attendant, ils t'enverront un professeur à domicile.

— Alors Beau peut y aller, et pas moi ?

J'acquiesçai d'un signe de tête. Que pouvais-je dire ? C'était exactement ça.

— Je suis désolée, Ben. Papa et moi, nous voulons que tu saches que nous sommes très en colère contre ces gens-là.

— Alors je ne rencontrerai pas mes camarades ?

— Nous ferons tout notre possible pour que tu

ailles à l'école. Mais, pour le moment, nous devrons trouver d'autres moyens de te faire des amis. Tu iras au club des scouts. D'accord ?

Il avait un air pensif, et je me demandai ce qui pouvait bien se passer dans cette petite tête.

— J'avais vraiment envie d'aller à l'école, me dit-il. Mais ne t'inquiète pas, maman. Ça va bien. Mais est-ce que je pourrai accompagner Beau à vélo, demain matin ? Il est encore petit, tu sais. C'est la première fois qu'il va à l'école. Il aura besoin de quelqu'un pour le guider.

C'était Ben qui avait appris à Beau à monter à bicyclette.

— Tu es sûr que tu pourras ?

— Oui, maman, la route descend tout le temps.

— Pas tout le temps, Ben. Mais si tu penses que tu peux le faire... Sois prudent, et restez bien ensemble.

Je l'embrassai. Ben me surprenait parfois. Il se faisait davantage de souci pour Beau que pour lui-même. Il ne se plaignait jamais et demandait si peu de choses pour lui ! Seuls comptaient ceux qu'il aimait.

Ben et Beau partirent tôt le lendemain matin. Ben mit les vêtements neufs que je lui avais achetés en prévision de sa rentrée en classe. Ils étaient tous deux très impatients d'entreprendre cette petite aventure. Cela faisait longtemps que Ben n'était monté sur un vélo.

Je les embrassai et les regardai s'éloigner.

Le téléphone sonna une demi-heure plus tard. C'était Ben. Il était trop fatigué pour rentrer à bicyclette. Est-ce que je pouvais venir le chercher ?

Je le retrouvai qui attendait devant l'école. Il s'excusa tout de suite d'être entré dans l'école, alors qu'il n'était pas censé le faire. Cela me mit en colère à la pensée de ces imbéciles qui avaient réussi ce tour de force d'obliger un enfant de huit ans à s'excuser pour avoir pénétré dans l'école qui devait être la sienne !

Je chargeai le vélo à l'arrière du van et, sur le chemin du retour, Ben me raconta leur épopée.

— On s'est drôlement amusés, maman, dit-il. J'aurais aimé que tu voies ça.

— Et tu as aidé Beau à trouver sa classe ?

— Bien sûr, maman. Son professeur a l'air très gentil. Est-ce que je pourrai aller de temps en temps à l'école ? Après les cours. Son professeur m'a dit qu'il était d'accord.

Il resta silencieux le restant du trajet. Plus tard dans la matinée, il vint me voir dans la cuisine.

— Maman, est-ce que je pourrais passer une petite annonce dans le journal ?

— Pour quoi faire, Ben ?

— Je veux vendre mon vélo.

Je pense que ce fut à ce moment que je pris conscience du changement de Ben. La bicyclette, la danse, l'école n'avaient plus autant d'importance pour lui. Son esprit, son âme se tendaient vers autre chose, quelque chose de plus grand, de plus élevé.

Seuls Grant et moi restions accrochés à ces espoirs. Ben se mettrait de nouveau à danser.

Ben referait du vélo. Ben serait de nouveau fort et sain. Nous avions foi en ces lendemains-là.

Mais quatre mois étaient passés. Et Ben n'allait pas mieux. L'hôpital parvenait bien à le retaper pendant quelques jours, mais ce que Grant et moi attendions ne se produisait pas. Seul Ben savait qu'il n'en serait rien.

C'était comme dans ces faits divers où des gens se découvraient, dans des cas d'extrême urgence, une force qu'ils n'auraient jamais imaginé avoir. Ben avait cette force. Il y avait au fond de lui une compréhension et une acceptation de ce qu'il lui arrivait. Nous étions ceux qui avions peur. Peur de la mort. Alors que Ben, lui, envisageait celle-ci comme un commencement... un départ vers un lieu que nous lui avions appris à ne pas redouter.

Si forte que fût notre foi, je le comprends aujourd'hui, elle restait assez théorique. Nous n'avions jamais eu l'occasion d'en éprouver la force à la façon de Ben, dans une circonstance aussi dramatique.

Nous avions préparé nos esprits et nos âmes, mais pas nos émotions. Comment l'aurions-nous pu ? Le fait de vivre et de savoir que notre vie n'est pas immédiatement en danger ne vous prépare pas vraiment à mourir, du moins à accepter que la mort puisse vous emporter d'un instant à l'autre. Simplement, nous étions deux jeunes parents qui refusaient l'idée que leur fils allait les quitter.

La nouvelle selon laquelle l'école du quartier avait dû repousser l'admission d'un enfant atteint du sida ne tarda pas à parvenir aux oreilles de la presse, et l'incident fut largement commenté sur les chaînes câblées ainsi que dans les deux ou trois quotidiens locaux. Toutefois, son identité ne fut pas révélée, car nous avions décidé de ne pas donner de publicité à cette affaire. Seuls notre famille, quelques amis et deux ou trois personnes de l'école savaient qu'il s'agissait de Ben. Il devint ainsi le soixante-dix-septième hémophile aux Etats-Unis et le premier élève de River School à être atteint du sida.

Il y eut des réunions publiques d'information, et des médecins du comté vinrent témoigner que les risques de contamination étaient nuls en dehors des deux voies de propagation reconnues : le sang et les rapports sexuels. Mais les statistiques avaient peu d'effets sur les fantasmes. Les gens avaient peur, et aucune donnée scientifique, fût-elle confirmée par l'ensemble du corps médical, ne pouvait les convaincre.

Le sida, ou plutôt la peur du sida, avait envahi notre petite communauté.

J'attendais un jour à la station-service, où j'avais laissé ma voiture à laver, quand une cliente aborda le sujet.

— Vous ne trouvez pas ça terrible qu'un enfant atteint du sida puisse être admis dans une école ?

Je ne répondis pas.

— Si c'était le cas, poursuivit-elle, je retirerais immédiatement mes enfants.

— Vous savez, intervins-je, il n'y a aucun risque de contamination. Le sida ne s'attrape pas par simple contact... comme la grippe.

— Ça, ma chère madame, nous n'en savons rien.

Ma voiture était prête et je fus soulagée de pouvoir laisser là cette imbécile. Elle ne savait pas qu'elle venait de s'adresser à la mère de cet enfant qu'elle tenait pour un danger public. J'avais l'impression de me trouver dans un aquarium, à cette différence que les gens ne pouvaient voir mon visage. Ils auraient aimé déceler sur nous les signes de la maladie, mais il n'y en avait pas. Ils auraient voulu nous rejeter, mais ils ne savaient pas comment nous identifier.

Nous pouvions nous protéger de la curiosité de la presse, mais il était difficile d'empêcher Ben de regarder la télévision. Quand il vit le premier reportage dont il était la vedette anonyme, il fut tout excité d'être devenu une célébrité. Mais il s'en lassa vite.

— Je me demande pourquoi je ne peux pas aller à l'école comme tout le monde, fit-il remarquer d'un ton désabusé.

L'école lui était peut-être interdite, mais pas le club des scouts. Le jour dit, je l'accompagnai, et la cheftaine lui souhaita la bienvenue et l'embrassa. Quand je revins le chercher, il rapporta plusieurs ballons de papier où il avait écrit son nom avec de la colle sur laquelle il avait saupoudré des paillettes d'argent. « Ben Oyler » scintillait comme une rivière de diamants.

Vers la fin de septembre, Ben s'affaiblit encore. Le plus triste dans cet incident avec l'école de notre quartier, c'était que Ben n'aurait pas eu de toute façon la force physique de se rendre en classe. Il n'était même pas en état de recevoir un quelconque enseignement à domicile. Il lui arrivait de passer des journées entières au lit, et d'autres où il rendait tout ce qu'il essayait de manger. Il n'avait même plus envie de jouer avec Beau et Aber.

Beau fut, je pense, le plus touché par la maladie de Ben et la controverse qui avait surgi à son sujet à l'école. Beau avait toujours été fier d'avoir pour frère aîné Ben Oyler. A présent qu'il faisait connaissance avec l'école, il n'était connu de ses camarades que comme le frère du garçon atteint du sida.

J'en parlai avec son institutrice. C'était une femme compréhensive. Elle veilla à protéger Beau de l'indiscrétion des journalistes et m'appela régulièrement tout au long de l'année pour me rendre compte de l'état d'esprit de Beau.

Le premier de ses appels eut lieu dans la deuxième semaine suivant sa rentrée en classe. Beau avait des difficultés de concentration, me dit-elle. Il avait du mal à terminer ses devoirs. Il les commençait, puis son attention se dissipait. J'avais fait la même observation à la maison. J'avais bien essayé de lui en parler, mais je ne savais pas comment l'aider. Je ne pouvais modifier la cause du problème. Son institutrice se montra d'accord avec moi pour ne pas intervenir pour le moment. Je me promis de consulter l'assistante du docteur Glader, à Stanford, Judie Lea, la prochaine fois que je me rendrais à l'hôpital.

J'étais occupée à aérer le lit de Ben quand Beau

vint me trouver. Beau était différent de Ben comme le jour l'est de la nuit. Ben était réfléchi, Beau impulsif.

— Maman, Ben n'est vraiment pas drôle, me dit-il. Il ne veut plus qu'on entre dans sa chambre, Aber et moi. Il ne veut plus s'amuser avec nous.

Je posai mes draps et m'assis sur la pelouse avec Beau.

— Ben est malade, c'est tout.

— Ben est toujours malade, maman.

— Rappelle-toi quand tu avais la grippe. Toi non plus, tu ne voulais plus jouer. Tu ne voulais pas que Ben et Aber viennent sauter sur ton lit ou faire du bruit ou te demander de venir jouer dehors, parce que tu ne te sentais pas bien.

Beau s'en souvenait.

— Eh bien, Beau, c'est ce que ressent Ben, maintenant. Toute la journée et toute la nuit. Il a tellement mal qu'il ne peut plus jouer comme avant avec vous. Et je comprends que cela te manque. Mais ça lui manque beaucoup, à lui aussi.

— Je veux que Ben soit comme avant, maman. Est-ce qu'il pourra rejouer avec moi ?

— Je ne sais pas, Beau. Ben sera peut-être malade pendant longtemps, très longtemps. Il ne sera peut-être plus jamais comme avant. Mais il a toujours envie de jouer avec vous. Seulement à des jeux différents. Des jeux plus calmes. Des jeux où on ne court pas. Tu devrais être patient avec lui. Tout comme il était patient avec toi quand tu étais petit. Penses-tu que tu pourrais faire cela ?

Beau baissait la tête pour que je ne voie pas les larmes qui coulaient sur son nez. Je me penchai vers lui pour le prendre dans mes bras et le laisser pleurer contre moi.

— Je voudrais jouer avec Ben, maman, mais je pense que Ben n'a plus envie de jouer avec moi... Maman, je crois qu'il ne m'aime plus.

— Mais non, Beau ! Ben t'aime énormément. Il ne faut pas penser des choses comme ça.

Beau dit qu'il comprenait, mais il ne parut pas très convaincu. J'avais l'impression que notre petite conversation n'avait pas chassé complètement ses doutes.

Le lendemain matin, alors que Ben sortait de la douche, nu et frissonnant, je fus soudain choquée par sa maigreur. Il me tournait le dos, et je pouvais compter ses côtes, chacune de ses vertèbres. Ses fesses n'étaient plus que des plis de peau. Sa chair avait fondu. Ses jambes étaient si décharnées que ses genoux saillaient comme deux balles de base-ball.

J'en avais le souffle coupé. Comment n'avais-je pas remarqué plus tôt que Ben n'était plus qu'un pauvre petit squelette ? Etait-ce mon désir de le voir guérir qui m'avait masqué son état ?

Je m'emparai d'une grande serviette dont je l'enveloppai. Je voulais le réchauffer, le serrer contre moi, lui dire que je l'aimais.

J'étais terrorisée.

Nous devions faire quelque chose. Mais quoi ? J'avais essayé mille fois de le faire manger. Nous avions déjà fait cent fois le tour de ce qu'il préférait. Mais tout ce que je pouvais cuisiner, acheter, même ces *tacos* qu'il adorait, ne servait à rien, car il vomissait aussitôt ce qu'il prenait.

Cette nuit-là, quand les garçons furent au lit, j'attendis Grant dans le salon. Il devait travailler tard afin de rattraper le retard qu'il avait pris la semaine précédente.

J'allumai la télévision. Des images de la famine en Ethiopie apparurent sur l'écran. La caméra s'attardait sur le désolant spectacle de ces enfants aux jambes grêles et aux grands yeux assaillis par les mouches, qui attendaient de mourir, accrochés au sein d'une mère qui n'avait plus de lait.

« Ben leur ressemble, pensai-je. Ben est en train de mourir de faim. A cette différence que nous ne sommes pas en Afrique, mais en Amérique, pays de surabondance. Le freezer est plein de nourriture, et je ne peux l'empêcher de mourir, faute de pouvoir l'alimenter. »

Je sanglotais quand Grant arriva.

— Chris, me dit-il doucement, pourquoi n'éteins-tu pas la télé, si ces images te bouleversent autant ?

— Ce n'est pas ça, Grant, c'est... Ben. Regarde ces enfants. Ben est comme eux. Exactement comme eux...

— Allons, Chris, ce... ce n'est pas encore aussi dramatique...

— Grant, il est en train de mourir de faim !

Grant baissa les yeux. Je le vis qui s'efforçait de retenir ses larmes. Il devait rester fort pour deux. Il me prit dans ses bras.

— Ne perdons pas la foi, Chris, me dit-il. Nous

devons poursuivre la lutte. Garder l'espoir qu'il guérira. Il le faut.

— Grant, je désire un miracle autant que toi... mais tu n'es pas ici dans la journée. Ce n'est pas toi qui dois le forcer à prendre ce médicament pour sa gorge. C'est moi. Et il continue de s'affaiblir un peu plus chaque jour. Regarde-le demain matin quand il sortira de la douche. Tu comprendras alors ce que je ressens.

» Grant, nous devons faire quelque chose. Et vite. Sinon nous allons le perdre. Je ne veux pas rester là à le regarder mourir lentement de faim. Je ne veux pas.

5

Notre premier miracle

Je savais qu'il n'y avait pas de remède miracle pour Ben. Cela ne m'empêchait pas d'espérer que, quelque part dans le monde, un nouveau traitement ferait son apparition. Un nouveau médicament sortirait de quelque laboratoire de Suisse ou de France.

Si nous ne trouvions pas de soutien thérapeutique, je redoutais que Ben ne soit plus de ce monde d'ici la Noël. Et il n'aurait peut-être même pas le temps de voir naître le bébé.

J'étais maintenant enceinte de plus de sept mois, et l'accouchement était prévu pour début novembre. Durant tous ces mois de chagrin et d'incertitude douloureuse, le miracle de la vie avait continué de s'accomplir en moi comme si rien n'avait changé. Alors que mon fils aîné était en train de décliner jour après jour, un nouvel enfant se développait en moi. Un enfant auquel je n'avais guère eu le temps de penser. Un enfant qui n'avait ni berceau ni prénom.

Ben nourrissait cependant à l'égard du bébé une tendresse particulière.

— Comment va le bébé, aujourd'hui, maman ? me demandait-il souvent le matin.

Et si le bébé s'agitait, je lui donnais mon ventre à tâter pour qu'il sente sous ses mains les mouvements de cette vie qui bougeait en moi.

C'était en mai que Ben avait mentionné dans sa liste l'enfant à naître comme l'un des événements qu'il attendait avec impatience. A l'époque, il espérait un petit frère, un garçon avec lequel il pourrait faire équipe un jour. A présent, il attendait simplement un bébé, un petit bout d'être humain qu'il pourrait soulever dans ses mains et aimer.

Et moi j'avais peur qu'il n'en ait jamais l'occasion.

J'appelai Judie Lea afin de convenir d'un rendez-vous. Seuls les médecins pouvaient encore quelque chose pour mon Ben.

Quand nous arrivâmes, les infirmières durent essayer veine après veine avant de pouvoir enfin procéder à la perfusion destinée à combattre la déshydratation de Ben. Il était devenu si maigre que les veines, privées du support de la masse charnelle, roulaient sous l'aiguille et semblaient flotter sous sa peau comme des cordes détendues.

Ce fut seulement le lendemain de son admission à l'hôpital que je découvris une source d'espoir en la personne d'un petit garçon porteur d'un cathéter que je croisai dans le couloir.

Nous avions entendu parler de ce cathéter — appelé « cathéter Hickman » — par... Beau ! Au cours de l'un des premiers séjours de Ben à l'hôpital, Beau avait joué dans une salle d'attente avec un petit garçon atteint de leucémie. Curieusement, cet enfant avait pour prénom Ben. Un conduit de caoutchouc sortait de sa poitrine. Il l'avait montré à Beau et lui avait expliqué que c'était par là qu'on l'alimentait. Cela avait beaucoup impressionné Beau, et il nous avait rapporté sa découverte avec émotion.

Je demandai à Judie Lea de plus amples informations sur cette méthode.

— Nous y avons songé, nous dit-elle, à Grant et à moi. Je sais que les médecins comptaient vous en parler. Ils pensent que cela permettra à Ben de recevoir les éléments nutritifs dont il a besoin.

Nous pûmes voir les médecins le lendemain matin. Ils nous dirent qu'il n'y avait pas lieu de poursuivre le traitement canadien contre le parasite intestinal, traitement sur lequel nous avions fondé quelque espoir. Je n'en fus pas surprise. Il n'avait eu aucun effet jusqu'ici. Mais abandonner ce traitement, aussi vain fût-il, avait un air de débâcle qui était insupportable.

Le cathéter venait prendre le relais de nos espoirs. Naturellement, il était hors de question d'en attendre un effet thérapeutique, mais au moins aurions-nous l'assurance que Ben ne mourrait pas de faim.

Le cathéter était un petit conduit inséré chirurgicalement dans l'une des grosses veines du torse pour instiller non seulement les médicaments mais aussi un complexe nutritif liquide.

Le cathéter ne le guérirait pas du sida, mais il ralentirait son dépérissement.

— Et comme ça, je n'aurai plus faim ? demanda Ben avec stupeur quand nous lui parlâmes du cathéter Hickman.

— Et ils n'auront plus besoin de te piquer, dit Grant. Plus d'aiguilles. Ils t'administreront les médicaments par le conduit.

— D'accord !

— Nous voulons que ce soit toi-même qui décides, Ben, dis-je. Chaque soir, il faudra te raccorder à une espèce de pompe qui instillera un liquide nutritif. Tu ne pourras pas dire alors que tu n'en veux plus, parce que tu n'auras pas le choix. Tu seras libre le reste de la journée, mais toutes les douze heures tu seras alimenté par le cathéter.

Ben parut réfléchir pendant un instant.

— Il n'y aura plus de piqûres, c'est promis ?

— Promis, Ben. Plus de piqûres, plus de perfusions.

— Super, maman. Quand est-ce qu'on m'installe ce tube ?

Nous ne pûmes obtenir qu'il soit opéré avant octobre, en raison du calendrier chargé du service de chirurgie. La question, toutefois, se posait de savoir si l'installation du cathéter était la meilleure solution. Une fois le Hickman en place, Ben devrait s'en accommoder le restant de sa vie.

Aussi, dès que nous arrivâmes à la maison, Grant téléphona au pasteur de notre Eglise, le docteur Rasband, pour lui faire part de notre dilemme. Jim Rasband était lui-même médecin.

Il promit de passer nous voir le lendemain soir avec sa femme, Esther.

Ils vinrent, comme promis, et Grant exposa à Jim dans quelles conditions nous nous trouvions.

— Nous ne savons combien de temps Ben pourra tenir, dit-il. Il dépérit à vue d'œil, et ce cathéter nous semble être la seule solution.

— Peut-être, dit le docteur Rasband. Mais il pourrait aussi avoir pour seul effet de prolonger les souffrances de Ben. Avez-vous pensé à cela ? Est-ce là votre désir ?

Je regardai Grant. Il était très éprouvé par la dégradation de Ben. J'avais passé plus de temps que lui auprès de notre garçon. J'avais pu observer jour après jour les progrès de cette atroce maladie. Je n'avais pas vraiment accepté l'idée que Ben allait mourir, mais je m'y étais néanmoins préparée, fût-ce à mon insu. Grant non. Il s'était cramponné à un espoir de guérison, et il venait soudain de décrocher, comme un alpiniste incapable de tenir plus longtemps sa prise.

Je répondis pour nous deux.

— Il souffre déjà. Et, sans le Hickman, il mourra de faim dans pas longtemps. Je ne peux pas l'accepter, le voir maigrir jour après jour, alors qu'il y a peut-être un moyen d'y remédier.

Esther avait elle-même deux garçons. Elle me regarda et me dit avec douceur :

— Moi non plus, Chris, je ne pourrais pas. Faites comme bon vous semble.

Nous tranchâmes en faveur de l'opération.

Mais le docteur Rasband nous posa d'autres questions avec lesquelles nous nous débattions déjà nous-mêmes. Des questions que je peux formuler plus clairement aujourd'hui que je ne le pouvais alors, perdus que nous étions dans nos angoisses.

Faisions-nous cela pour Ben ou pour nous-mêmes ? Voulions-nous maintenir Ben en vie parce que nous ne pouvions accepter l'idée de la mort ? Ben ne nous avait-il pas donné des signes qu'il était plus préparé à la mort que nous n'osions l'imaginer ? Si nous n'étions pas prêts à affronter l'irrémédiable en ces tragiques circonstances, quand le serions-nous ?

Mais, tout de même, comment des parents auraient-ils abandonné la lutte pour la vie de leur enfant ?

Ben fut opéré le 2 octobre.

Je me souviens de la date parce que ce fut la première chose que Ben nota dans son journal. Ce journal était un cadeau de quelques anciens camarades de classe.

Il écrivit :

Mercredi après-midi on m'a emmené en ambulance à l'hôpital Stanford. Puis on m'a envoyé en ascenseur dans la salle d'opérations où un docteur m'a donné un médicament qui m'a fait dormir. Quand je me suis réveillé, je me sentais bien.

Au-dessous il dessina un cœur d'où sortait un conduit, et sur le cœur il colla une petite étiquette sur laquelle il inscrivit : « Bonnes nouvelles ! ».

Oui, ce cathéter Hickman était une bonne nouvelle.

Il nous fournit l'occasion de revoir Ben, du moins le Ben que nous avions connu, celui d'avant la maladie. Et puis nous avions le sentiment d'avoir tenté tout ce qui était en notre pouvoir. C'était un peu comme une assurance contre les regrets.

Nous pûmes rendre visite à Ben le lendemain de l'opération.

Dès que commença l'alimentation artificielle, il parut reprendre un peu de vivacité. Il était littéralement fasciné par ce tube qui sortait de sa poitrine. Il observait attentivement le moindre détail du processus complexe que suivaient les infirmières quand elles nettoyaient le cathéter et le reliaient pour la nuit à l'appareil qui instillerait le liquide nutrifiant dans son corps. Et si l'une d'elles venait à dévier un tant soit peu de la procédure, il lui en faisait aussitôt la remarque.

Les médecins nous avaient informés qu'il faudrait environ trois semaines pour équilibrer les besoins alimentaires de Ben et régler le Hickman. Aussi l'hôpital devint-il notre maison, à Ben et à moi, pendant presque tout le mois d'octobre. J'ai appris à manipuler le cathéter et à lui administrer par cette voie ses médicaments. Et, quand Grant le pouvait, il venait après son travail pour se familiariser avec la technique, et il repartait vers minuit.

Beau et Aber retournèrent chez leur grand-mère, et Ben et moi nous restâmes seuls, avec Grant venant de temps à autre, dès qu'il pouvait se libérer de ses obligations. Il m'apporta ma machine à coudre, l'ordinateur de jeux vidéo, un magnétoscope pour qu'on puisse visionner des films, et une radio. Pendant que Ben écoutait Michael Jackson et perfectionnait son mouvement de bras et d'épaule à la manière du chanteur, j'entrepris de lui confectionner son costume de Halloween.

Il avait envie d'une tunique de guerrier Ninja. Les guerriers Ninja étaient populaires cette année-là. Je ne connaissais pas grand-chose à leur sujet, si ce n'est qu'ils portaient des espèces de kimonos de soie noire et qu'ils utilisaient de curieuses armes de jet en forme d'étoiles dont les bords étaient effilés en dents de scie. Ben les trouvait aussi passionnants que les personnages de *la Guerre des Etoiles*, ce qui était pour lui une sérieuse référence. Il passa des heures à dessiner son costume. Quand il eut terminé, il me donna le dessin du devant et du dos, avec pour mission de les reproduire fidèlement, sans oublier la poche située dans le dos à hauteur de l'épaule pour les étoiles à lancer. Il m'accompagna même au magasin afin d'y choisir le tissu qu'il voulait.

Quand j'eus terminé le costume, Ben était tellement enthousiaste qu'il voulut le montrer à toutes les infirmières. Et l'une d'elles, Betsy, était certainement la seule infirmière des Etats-Unis à posséder une authentique étoile à lancer de Ninja gravée de caractères en japonais. Elle revint avec l'objet le lendemain et en fit présent à Ben. Ce cadeau fut pour lui une source de joie indicible.

Ma mère se chargea des costumes de Beau et d'Aber. Comme les jours passaient, j'entrepris quelques broderies pour Noël.

Parfois, alors que je cousais, le bébé s'agitait dans mon ventre et je laissais Ben me palper le ventre en riant. Ses taches de rousseur revenaient sur son visage.

Il aimait cet enfant, avant même qu'il soit né. Je me demandais s'il n'avait pas hâte de voir naître le bébé, afin qu'ils aient davantage de temps à passer ensemble. Il me dit combien Aber serait heureux d'avoir l'impression d'être un grand frère, un rôle que Ben avait toujours aimé. Et combien il avait de la chance d'avoir un bébé juste au moment de Noël.

Cela faisait presque neuf mois que j'étais enceinte. Mes chevilles ne désenflaient pas. Comme à chaque grossesse, j'avais les jambes couvertes de varices, mais je n'avais pas attaché beaucoup d'importance à ces petites misères physiques. Elles n'étaient rien, comparées à l'événement de la naissance d'un nouvel enfant.

A présent, il me semblait que c'était Ben le plus heureux de cette perspective. Je ne retrouvais pas l'enthousiasme de mes précédentes grossesses. J'avais été follement heureuse en me découvrant enceinte, mais c'était avant que se déclare la maladie de Ben.

Depuis lors, mes émotions avaient été mises à rude épreuve. Il me semblait qu'on les avait étirées comme un élastique, et qu'elles en restaient toutes déformées. J'aurais aimé ressentir la joie de mes trois précédentes grossesses, mais, hélas, ce n'était pas le cas. De temps à autre, je retrouvais un peu de cet enthousiasme, mais cela ne durait pas.

Je me souviens de mon bonheur avant que Ben vienne au monde. Les parents de Grant nous avaient donné le berceau que Grant avait eu, étant bébé. Il l'avait reverni, et j'avais repeint les agneaux qui décoraient la tête du lit. Puis j'avais tricoté une couverture et un petit coussin assorti. Je voulais tellement que tout soit parfait !

J'avais fait de même pour la naissance de Beau, et puis pour celle d'Aber. Pour Beau, j'avais tricoté un dessus de lit rouge et blanc sur lequel j'avais brodé un grand ours. Pour Aber, ce furent des chevaux, inspirés de ceux du papier peint qui tapissait sa chambre.

A la naissance de Ben, j'avais passé des heures à contempler son visage. Chaque nuit je le berçais jusqu'à ce qu'il s'endorme. Quand Beau et Aber arrivèrent, j'avais davantage d'activités, mais je trouvais toujours le temps de m'occuper d'eux, d'apprendre à les connaître. Beau, ce doux bébé qui souriait toujours et ne pleurait jamais. Aber, le turbulent dont l'énergie emplit notre maison du jour où il naquit.

Le temps et l'amour sont les deux ingrédients essentiels d'une bonne relation entre une mère et sa progéniture. Je savais que j'aimerais ce bébé que je portais. Mais aurais-je assez de temps à lui consacrer ?

Où trouverais-je l'énergie ? Il me semblait

avoir traversé tous ces derniers mois dans un état de fatigue permanent. Je n'ignorais pas que le manque de sommeil en était en partie responsable. Mais j'étais surtout épuisée par le soutien constant, quotidien, que je devais apporter à Ben.

Les bébés sentent ces sortes de choses. Ce nouvel enfant n'allait-il pas sentir que le cœur de sa mère était prisonnier d'un autre que lui ? Comment pourrais-je me partager entre deux êtres qui avaient chacun un impérieux besoin de moi ?

Ces pensées et les craintes qui les accompagnaient me hantaient durant mes nuits à l'hôpital comme autant de confessions retenues... pensées que je ne partageais avec personne, pensées que je n'osais moi-même explorer.

Nous éteignions la télévision. Ben disait ses prières. Puis nous appelions Grant au téléphone pour lui souhaiter bonne nuit. J'embrassais Ben, le bordais, et allais m'allonger sur le lit de camp à côté de son lit.

J'étais parfois tellement fatiguée que je ne pouvais trouver le sommeil. Il m'arrivait de me réveiller en pleine nuit, et il m'était alors impossible de me rendormir. Dans la pénombre trouée par la petite lumière jaune de la sonnette d'appel de l'infirmerie, j'écoutais le chuintement rythmique de la pompe à perfusion, et les idées noires me reprenaient.

Nuit après nuit, mes peurs revenaient. Les questions, torturantes, se bousculaient dans mon esprit. Si le bébé était un garçon ? Un autre hémophile ? J'avais toujours prétendu que je saurais faire face. Mais cela devenait plus difficile à mesure que les garçons grandissaient et couraient davantage de risques physiques.

Quatre garçons ? Cela en devenait presque monotone. Quatre hémophiles ? Ce ne serait plus une fatalité, mais une malédiction ! Non, ce bébé ne pouvait être que la petite Chelsea. C'était elle que j'attendais. Je m'étais répété tant de fois que ce serait une fille que j'avais fini par le croire.

De toute façon, que pouvais-je faire si ce n'était pas le cas ? Rien. Rien d'autre que d'aimer ce quatrième fils. Je voulais cet enfant. Je me demandais seulement comment je parviendrais à donner à chacun l'attention et la tendresse qu'il méritait. Je ne voyais pas où je pourrais puiser l'énergie nécessaire pour satisfaire tout le monde dans l'atmosphère tragique créée par l'état de Ben.

J'avais été mère trois fois, et je savais à quoi ressemblaient les premiers mois. Je me rappelais ces moments merveilleux mais parfois difficiles de la rencontre de la mère et de l'enfant. L'harmonie recherchée exigeait une attention constante.

Et ce n'était que le quatrième. Que penser du suivant ? Combien d'autres suivraient ? Nous avions projeté d'en avoir huit. Nous étions encore loin du compte. Comment pourrais-je être une mère de huit enfants quand l'arrivée d'un quatrième me plongeait dans l'angoisse ?

Ces questions prenaient une acuité infiniment douloureuse à mesure que Ben dépérissait.

Allongée sur mon lit de camp, je me souvins de ce jour où Grant et moi avions projeté d'avoir huit enfants. Nous étions amoureux et insouciants alors. Nous ne savions pas que les trois garçons que nous aurions seraient hémophiles. Nous ne savions pas que notre aîné contracterait le sida. Certes, je voulais avoir une grande famille. Je le désirais fortement. Je me sentais parfaitement capable d'aimer et d'élever huit enfants. Mais à présent, je n'avais plus d'énergie.

Je me souvenais aussi d'avoir dit ce jour-là, au cours de cette promenade sur le terrain de golf, que je ne supporterais pas la perte d'un enfant. Ce n'étaient pas des paroles en l'air. Je savais que cette douleur-là me serait insoutenable. La maladie de Ben et l'idée de le perdre m'avaient changée. Je n'étais plus la même jeune femme. J'avais encore de l'espoir, mais le chagrin me broyait le cœur.

Je devais reprendre le contrôle de ma vie. Une décision s'imposait. Cela faisait un moment que j'y réfléchissais, et j'avais décidé que la meilleure solution serait de ne plus avoir d'enfants. Je demanderais à me faire stériliser.

J'en parlerais à Grant.

Je devrais lui dire que notre rêve était fini. Le sida nous enlevait non seulement notre premier-né mais également ceux qui étaient encore à naître.

Il n'y avait pas d'autre moyen de nous protéger.

Et le pire dans tout cela était que, malgré la certitude que cette décision fût justifiée, je me demandais si un jour, dans quelques années, je ne la regretterais pas. Ben serait guéri ou mort. Et je voudrais qu'on me rende mon rêve. Mais il serait trop tard.

Cependant, tout au fond de moi, une voix me soufflait que c'était le bon choix, qu'il n'y avait pas d'autre possibilité.

Un soir, quand Grant vint nous rendre visite à l'hôpital, j'attendis que nous soyons rentrés au foyer Ronald McDonald pour lui en parler. Il était tard, et je me préparais à aller au lit, tandis que Grant retournerait auprès de Ben pour passer la nuit sur le lit de camp installé dans sa chambre.

— Tu sais, Grant, j'ai réfléchi à quelque chose...

— Quoi ?

— Que dirais-tu si je cessais d'avoir d'autres enfants ?

— Mais je croyais que tu en voulais huit.

— Oui, je le voulais. Plus maintenant. Je ne pense pas que nous puissions le faire désormais. Pas toi ?

Grant était fatigué. Il avait les yeux cernés. Je voyais bien que ce n'était pas le moment de lui parler d'une chose aussi importante. Mais nous n'en avions pas davantage le temps quand nous n'étions pas fatigués. Et je sentais par ailleurs que Grant envisageait la situation de la même façon que moi.

— J'ai pensé, lui dis-je, que nous pourrions remercier le Ciel d'avoir eu ces trois garçons. Ils grandiront, et tu sais bien que les risques grandiront avec eux.

— Je sais combien cette décision doit t'être

difficile, dit Grant. Nous ne sommes pas obligés d'avoir d'autres enfants, si tu n'en veux pas. Ta décision sera la mienne, Chris.

Il me souhaita une bonne nuit et alla rejoindre Ben. Pendant dix ans nous avions rêvé d'avoir huit enfants. A présent, ce rêve était terminé.

Durant le mois d'octobre, nous apprîmes à manipuler le Hickman. Grant se joignait à moi dès que son travail le lui permettait et regagnait Carmel après minuit.

Le personnel de l'hôpital nous avait suggéré de laisser Ben à Stanford jusqu'à ce que j'accouche. Cette solution aurait été certainement plus pratique, mais elle entraînait une séparation qui m'était insupportable. J'en avais assez que notre famille soit sans cesse éparpillée, avec Ben et moi à l'hôpital, Beau et Aber chez ma mère, et Grant tout seul à faire de pénibles allées et venues entre Carmel et Stanford.

Je voulais que nous soyons tous réunis à la maison quand le bébé arriverait.

Un arrangement fut trouvé grâce à l'hôpital et à un service de traitement à domicile appelé le Stanford Home Treatment Services. Une équipe d'infirmières, informées du régime de Ben et familiarisées avec la manipulation du Hickman, se relaierait à la maison. L'une d'elles viendrait chaque soir à dix heures et resterait avec Ben toute la nuit. Elle serait relevée à six heures par une collègue qui resterait jusqu'à huit heures du matin, le temps pour moi de préparer Beau et

Aber et de les envoyer à l'école. Elle prélèverait chaque jour un échantillon de sang pour le faire analyser et débrancherait le Hickman. Je veillerais alors moi-même aux besoins de Ben.

Ce n'était pas une organisation facile, mais Ben serait enfin chez lui. Notre famille serait de nouveau réunie. Cela faisait tout de même six mois que nous nous retrouvions sans cesse séparés les uns des autres.

Quand Ben sortit de l'hôpital, il avait les joues pleines. On ne lui voyait plus les os sous la peau. J'avais l'impression de revoir un nouveau Ben. Ou plutôt notre Vieux Ben, comme nous l'appelions.

Et avec le poids, le moral lui était revenu. L'ironie voulut qu'il avait également retrouvé de l'appétit, maintenant qu'il n'en avait plus besoin.

Le soir même de son arrivée, il entra dans la cuisine, alors que je préparais des ailes de poulet au gril.

— Hmmmm, ça sent comme chez grand-maman, dit-il. J'ai faim.

Je dressai la table pour cinq, comme je l'avais toujours fait, et Ben mangea avec nous. Comme si c'était la chose la plus naturelle au monde. Comme s'il avait dîné à cette même place pas plus tard que la veille, et non un mois plus tôt. Il ne mangea pas beaucoup, mais il ne vomit pas.

Ben avait beau avoir regagné un peu de son ancienne apparence, il avait changé intérieurement. Il avait commencé à mûrir rapidement depuis le début de sa maladie. Les médecins et les infirmières m'en avaient fait plusieurs fois la remarque. Ses façons et son discours étaient ceux d'un garçon plus âgé qu'il n'était.

Il ne se plaignait jamais qu'on le relie chaque soir au Hickman qui instillerait pendant des heures les éléments dont il avait besoin. Il paraissait au contraire très intéressé par la procédure complexe de la perfusion.

Beau était curieux de découvrir cet appareil et ce cathéter dont il avait entendu parler, et il vint voir la première nuit alors que je reliais le cathéter à l'appareil.

— Oh ! mais c'est dégoûtant ! s'exclama-t-il à la vue du conduit sortant de la poitrine de Ben.

— Eh bien, ne regarde pas, répliqua Ben.

Beau alla s'asseoir pendant une minute sur le lit voisin puis s'approcha de nouveau.

— Est-ce que ça fait mal ? demanda-t-il.

— Non, ça me gratte un peu, mais ça me fait du bien.

— Et tu pourras jouer comme avant ?

— Bien sûr. Tu veux qu'on aille faire du vélo, demain ?

— Vraiment, tu crois ?

— Bien sûr.

Moins d'un mois plus tôt, Ben m'avait demandé de vendre sa bicyclette. Je ne l'avais pas encore fait. Je suppose que j'avais gardé l'espoir qu'il puisse remonter dessus. Mais à présent qu'il le désirait, j'avais peur pour lui. Si jamais il faisait une chute et détériorait le cathéter ? Je me mordis la langue et ne dis rien. Je ne voulais pas leur gâcher leur plaisir, à Beau et à lui.

Le lendemain matin, les garçons sortirent

leurs vélos du garage, et on se retrouva tous dehors pour les voir. Ben se hissa en selle. Les premiers coups de pédale furent incertains, mais il retrouva rapidement son équilibre et, quand il repassa devant nous, Beau pédalant dans son sillage, Grant, Aber et moi nous l'applaudîmes de tout notre cœur.

C'était merveilleux de revoir Ben comme ça. Chaleureux, heureux, actif de nouveau. Naturellement, il était encore très fragile, mais il me semblait être redevenu normal. Je n'avais jamais vu d'amélioration aussi spectaculaire. C'était comme si le Hickman nous avait redonné notre fils.

La fête de Halloween avait lieu le vendredi suivant. Tous les enfants de notre Eglise attendaient impatiemment ce jour-là.

Quand, au matin de ce vendredi, essayant à Ben le costume de Ninja que je lui avais confectionné, je découvris qu'il ne pouvait plus entrer dans le pantalon, tant il avait grossi, grande fut ma stupeur. Mais jamais, malgré tout le travail que m'avait donné la coupe de ce kimono de soie noire, je ne repris avec une telle joie mes ciseaux et mon aiguille.

Ce jour-là, Ben écrivit une page entière dans son journal :

Aujourd'hui, c'est Halloween, et c'est un bon jour. Je vais avoir beaucoup de choses à faire. Je dois aller à l'hôpital pour qu'on prenne mon sang, et puis je retournerai à la maison. J'espère que maman aura terminé mon costume. Je regarderai des dessins animés à la télé, puis à six heures et demie nous irons à la fête de Halloween. On rentrera à la maison à neuf heures et demie. J'irai au lit et maman branchera « Mr. Hickman ». Et quand je me réveillerai demain, j'espère que je me sentirai bien et que ce sera une autre bonne journée.

En bas de la page, il dessina un lampion en forme de citrouille, un fantôme enveloppé de son drap blanc et une belle chauve-souris sur laquelle il colla l'une de ses étiquettes avec pour mention : « Aujourd'hui, on s'amuse comme des fous ! »

Ce fut avec une joie mêlée de fierté que j'habillai mes trois garnements ce soir-là. Beau était déguisé en robot, et Aber en chevalier à l'armure étincelante.

Ben, bien entendu, avait revêtu son costume de guerrier Ninja. Il enfila deux tricots de peau, de façon à dissimuler l'embout du cathéter.

Cela faisait peut-être cinq mois que Ben ne s'était pas retrouvé tout seul « comme un grand ». Par moments, un drôle de petit robot, flanqué d'un minuscule chevalier raide comme la justice dans son armure de plastique argenté, trottinait derrière lui. Ben était redevenu le « chef de bande ».

Ce fut ce soir-là que je me souviens pour la dernière fois d'avoir entendu Aber me demander si Ben était complètement guéri.

Je savais bien que ce n'était pas le cas. Je savais qu'il ne s'agissait pas d'une guérison.

Le Hickman ne sauverait jamais personne du sida.

Mais je devais admettre que Ben allait mieux. Beaucoup mieux. J'avais déjà vu des gens condamnés par un cancer. Ils dépérissaient de jour en jour. Ils semblaient avoir pénétré dans une voie sans issue, et leur entourage assistait dans l'impuissance à leur lente et irrémédiable dégradation jusqu'à ce qu'enfin la mort les libère. Mais Ben, qui avait commencé par s'engager dans la même voie, venait de rebrousser chemin. Comment aurais-je pu repousser l'espoir qui renaissait en moi, et avec lui de nouvelles questions ?

Avions-nous traversé le pire ? Ce miracle, auquel nous nous étions accrochés avec tant de ferveur, était-il possible ? Cet appareil, capable d'alimenter Ben, pourrait-il le soutenir jusqu'au jour où les chercheurs trouveraient enfin le remède ?

Etait-il possible que Ben vive ?

Je m'efforçais cependant de tempérer mes espoirs. Je me disais que l'important était de prendre la vie comme elle était, de bénir cette rémission du mal sans en demander davantage.

L'infirmière devait venir le lendemain de dix heures du soir à dix heures du matin. Il arrivait toutefois que le service du traitement à domicile n'ait personne de disponible à nous envoyer. Grant aidait comme il le pouvait. Il devait travailler deux fois plus pour payer les emprunts que nous avions dû faire, et il n'avait pas eu le temps nécessaire pour se familiariser complètement avec la procédure de la perfusion.

Il me revenait donc de régler l'alimentation parentérale de Ben, de l'aider à se rendre aux toilettes, de changer les draps quand un accident survenait.

Je me souviens de m'être retrouvée un jour dans un état de stupeur et d'épuisement comme je n'en avais encore jamais éprouvé. Mon accouchement devait avoir lieu dans deux semaines. Si j'étais aussi fatiguée maintenant, comment pourrais-je m'occuper d'un nouveau-né qui se réveillerait plusieurs fois dans la nuit ?

Cette période aurait dû être joyeuse, paisible. Mais le sida nous avait ôté toute joie, toute tranquillité.

Environ dix jours avant l'accouchement, Grant me conduisit à ma consultation d'obstétrique. Durant mes précédentes grossesses, il m'avait accompagnée à chacun de mes rendez-vous. Cette fois, il n'avait pu venir qu'une fois ou deux. Soudain, je lui demandai de se ranger sur le bord de la route.

— Je t'en prie, dis-je.

Je sentis la colère et les larmes monter en moi alors qu'il s'arrêtait sur le bas-côté.

— Ô Grant, rien ne va plus ! Regarde ce qui nous arrive. Est-ce cela que nous avions espéré ? Qu'est-il advenu de tous nos beaux projets ?

— Chris, ne pense pas à ça. Dis-toi plutôt que tu vas avoir un beau petit bébé et...

Il coupa le moteur et attendit que je réponde quelque chose.

— Je voulais seulement avoir une famille heureuse. C'est tout. Est-ce que c'était trop demander ? Maintenant, regarde dans quelle horrible situation nous nous trouvons. Quand j'étais petite, je voulais que mes parents restent ensemble. Ils ont divorcé. J'aurais voulu avoir une sœur, quelqu'un comme moi, et j'ai eu trois frères...

Grant était inquiet et peiné. Il aurait aimé me consoler, mais il sentait que je n'en avais pas envie. Je ne voulais plus réprimer ma douleur, prendre une fois de plus sur moi. J'aurais aimé hurler. J'avais de bonnes raisons de le faire.

— Et puis je me suis mariée, et nous devions avoir huit enfants. Je désirais une fille. Deux même. Et j'ai eu trois garçons. On ne pensait pas qu'ils seraient hémophiles, n'est-ce pas ? Et que l'un d'eux contracterait le sida, non ?

— Chris, je sais combien c'est dur pour toi, dit-il en se tournant vers moi pour me passer un bras autour des épaules.

— Non, tu ne le sais pas !

Je ne voulais pas le blesser. Mais j'avais tellement mal.

— J'ai toujours su que la seule chose que je ne pourrais jamais supporter, ce serait de perdre un enfant. Et Ben va mourir. Ce n'est pas juste. Et nous n'aurons pas d'autre enfant. Alors je devrais encore faire contre mauvaise fortune bon cœur ? Je sais seulement que je ne peux plus avoir d'autres enfants. Je ne pourrais pas m'en occuper. Je n'en aurais ni la force ni le temps.

— Je comprends, Chris, je comprends. Je suis d'accord.

— Il ne suffit pas d'être d'accord, Grant. Cette décision, nous devons la prendre à deux.

— Nous la prendrons ensemble, Chris. Tout ce que j'aimerais savoir, c'est si tu en es sûre.

— Non, je n'en suis pas sûre !

Je voulais que Grant saisisse combien ce sujet me bouleversait, combien il m'était difficile et douloureux de prendre cette décision.

— Allons, Chris. Ne t'inquiète pas. Nos garçons sont formidables. Ce n'est pas une grande affaire si nous nous contentons de ceux que nous avons déjà.

— Pas une grande affaire ? Si ce n'est pas aussi grave que ça, pourquoi tu ne te ferais pas opérer à ma place ?

Il tressaillit légèrement.

— Euh... pourquoi pas ?

Je ne tenais pas particulièrement à ce que ce soit Grant qui subisse l'opération. Je me fichais que ce soit l'un ou l'autre. Je voulais seulement qu'il comprenne que c'était là la décision la plus difficile de toute ma vie, que cette brève conversation que nous avions eue avant de nous coucher n'était certainement pas suffisante quand il était question de renoncer à un rêve sur lequel nous avions bâti l'essentiel de notre vie. Cela me faisait tellement mal d'abandonner ce destin de maman de huit enfants que je voulais en fait que Grant ait mal, lui aussi, afin qu'il mesure à travers la sienne quelle était ma douleur.

Et je lui avais fait mal. Je le voyais dans ses yeux. Pourquoi lui infligeais-je de la douleur, alors qu'il n'avait fait que m'approuver ?

Je ne pouvais pas lui exprimer de regrets, parce qu'en cet instant je n'en éprouvais pas.

Mais je pouvais lui témoigner mon amour pour lui, car je n'avais cessé de l'aimer plus que tout au monde. Je me penchai vers lui et je l'entourai de mes bras pour pleurer contre sa poitrine. Il me consola. Grant était ce qui m'était arrivé de mieux dans la vie. Il allait toujours au-delà des espérances que j'avais pu fonder dans la rencontre avec un homme.

Quand, ce même soir, je donnai à mon médecin l'autorisation signée de ligaturer mes trompes, il me demanda si j'avais mûrement pesé ma décision. Je lui répondis que je ne serais pas devant lui si ce n'était pas le cas.

Cette décision signifiait davantage pour moi que le fait que nous n'aurions que la moitié des enfants désirés. C'était une reconnaissance. La reconnaissance que, pour obtenir quelque chose, il fallait faire des concessions.

Ce que j'avais abandonné, j'en prends conscience aujourd'hui, n'était rien d'autre qu'une partie de moi-même. Une partie liée à la jeunesse, à l'insouciance, et à l'idée que tout était possible. Jamais plus je ne serais cette rêveuse. Jamais plus je ne prétendrais être capable d'accomplir ce que je n'aurais pas essayé auparavant. Je serais désormais avertie des dangers extérieurs autant que de mes propres illusions.

Bref, j'avais perdu mon innocence. En revanche, j'avais repris le contrôle de ma vie. Je m'étais laissé chahuter par la maladie de Ben comme un navire sans gouvernail dans la tempête. Je savais que nous n'étions pas au bout de nos peines et j'étais parvenue à m'armer en vue des misères à venir.

Quand le lendemain j'appelai ma mère pour l'inviter à nous rendre cette visite promise quelque temps plus tôt, ce n'était plus une enfant demandant de l'aide à sa maman, mais une adulte invitant une grand-mère à partager la joie d'une naissance imminente.

Car, à présent, je me sentais prête à accueillir ce nouveau bébé. Et la présence de ma mère ne ferait que renforcer ma détermination. Grant avait descendu du grenier le berceau, et j'étais en train de chercher le carton dans lequel j'avais rangé la layette, quand ma mère arriva.

— Laisse tomber ces vieilleries, me dit-elle. Ce qu'il faut à ce bébé, c'est du neuf. Trouve-toi une baby-sitter, Chris. Nous allons faire les magasins.

C'était comme avant, comme du temps où Ben n'était pas encore venu au monde, quand maman était toute à la joie d'être bientôt grand-mère. Elle m'emmena dans un petit restaurant que j'aimais, mais qui avait toujours été trop cher pour Grant et moi. Puis nous allâmes dans un grand magasin. Mon premier achat fut celui d'une magnifique couverture.

Moins d'une semaine plus tard, je ressentis les premières douleurs. J'appelai maman et Ralph, et ils me promirent qu'ils seraient là dans la soirée pour s'occuper de Beau et d'Aber. Puis je téléphonai au service des traitements à domicile pour les informer de prévoir trois jours de soins, car je serais à la maternité.

La nuit tombait et aucune infirmière ne s'était encore présentée. Grant appela le service et il apprit que quelqu'un était en route. Ce ne fut qu'à sept heures du soir qu'elle arriva.

Quand elle entra, je sentis mon ventre se nouer. Nous ne la connaissions pas. Pourquoi Heather ou Nancy n'avaient-elles pu venir dans un moment où j'avais besoin d'avoir l'esprit tranquille ? Cette femme n'avait jamais fait que participer à la première réunion qui s'était tenue chez nous lors de l'arrivée de Ben. Elle ne s'était jamais occupée de lui. Elle lui était parfaitement étrangère.

Je lui donnai toutes les instructions possibles autant que me le permettaient mes contractions et l'implorai de suivre attentivement la procédure que j'avais épinglée sur la porte de l'armoire.

Je couchai Ben et lui souhaitai une bonne nuit.

— Bonne chance, maman, me dit-il. J'espère que ce sera un garçon.

Aucun de mes accouchements précédents ne s'était présenté comme celui-ci. A chacune de mes grossesses, Grant et moi avions étudié la technique Lamaze. Nous avions pratiqué ensemble les techniques respiratoires destinées à soulager les douleurs. Chaque accouchement s'était remarquablement passé. Je m'étais sentie en confiance, malgré la douleur. Je n'avais même pas eu recours à des calmants.

Dès le début, les contractions me parurent

beaucoup plus fortes que celles précédemment ressenties lors de mes trois délivrances. Je n'arrivais plus à me rappeler les techniques respiratoires. Je me sentais nerveuse, mal à l'aise. Je ne cessais de penser à Ben, au lieu du bébé.

— Grant... je n'arrive pas à me concentrer... Si jamais cette infirmière dosait mal le débit ? lui demandai-je entre deux contractions. Ils ont dit que Ben pourrait avoir une crise cardiaque si jamais on réglait mal la perfusion...

— Ne t'inquiète pas, elle connaît son métier. Ne pense plus à ça. Pense seulement au bébé. A toi et à lui. A nous. Concentre toute ton attention sur notre enfant. Pense que nous allons avoir un nouveau bébé. Un joli petit bébé...

Il me posa une poche glacée sur le front.

— Je n'y arrive pas, Grant... Je ne me rappelle plus comment on fait.

Je sentais la prochaine contraction venir.

Grant me prit la main.

— Ecoute, chérie. Tu peux le faire. Tu l'as déjà fait et tu le referas. Et si cela devient trop douloureux, nous te donnerons un calmant. Alors ne t'inquiète pas. Concentre-toi. Respire avec moi. Regarde-moi. Comme ça... C'est ça. Respire ! Inspire, souffle ! Lentement. Là. Encore...

Je le regardai tout en respirant à son rythme, heureuse pour le moment de ne plus avoir à penser.

Si je n'avais eu Grant, je n'aurais jamais réussi mes précédents accouchements sans une aide médicamenteuse. A présent, je sentais de nouveau la force qu'il m'inspirait. Il était le meilleur mari dont on pût rêver. Il avait toujours été là à chaque fois que j'avais eu besoin de lui. Toujours.

— Je t'aime, Grant, lui dis-je quand je me sentis de nouveau capable de parler.

— Je sais.

Les contractions continuèrent, et la douleur s'accrut. Je ne pensais plus à rien. Ni au bébé, ni à Ben, ni à Grant, qui continuait de m'encourager à respirer. J'avais toujours assez bien supporté la douleur physique. Soudain je ne pouvais plus l'endurer davantage. J'étais trop épuisée dans mon corps et dans mon âme pour résister.

J'abandonnai et demandai un calmant.

Les analgésiques eurent cependant peu d'effet.

Finalement, vers trois heures du matin, je ressentis un violent besoin de délivrance. J'éprouvais de nouveau cette joie dans la douleur que j'avais connue lors de mes précédents accouchements. Le bébé était en route.

Je le voulais. Il me tardait maintenant de le voir. Grant, le docteur et les deux infirmières m'encourageaient. Le bébé sortait.

Je sentis sa tête passer.

— Chris, il a plein de cheveux ! s'écria Grant. Ce doit être une fille !

Je sentis le corps sortir, et le médecin le recueillit dans ses mains.

— Non, dit-il en l'élevant par les pieds. C'est un garçon ! Et un beau petit garçon !

Enfin je pus libérer mes larmes et j'oubliai la douleur. Je pleurais. J'étais tellement heureuse. Je me fichais que ce fût un garçon ou une fille. Etait-ce vraiment une fille que j'avais voulue ?

Ou bien ce merveilleux petit homme ? Avoir ce bébé me remplissait de la même joie que j'avais ressentie à la naissance de Ben, de Beau, d'Aber.

Après tout, il y avait toujours de l'amour en moi.

Nous avons appelé notre quatrième fils Daniel Kimball Oyler. Il pesait quatre kilos à la naissance, le 6 novembre 1985.

Le docteur Penn passa nous voir cet après-midi-là.

Il était rayonnant de joie en entrant dans la chambre.

— Je viens d'avoir les résultats des examens, nous dit-il. Votre petit dernier est tout ce qu'il y a de plus normal ! Un petit garçon parfaitement sain et... non hémophile !

Je me sentis envahie d'un immense soulagement. Grant était transporté tandis qu'il tenait le bébé dans ses bras.

Ben avait eu son petit frère.

Et nous notre premier miracle.

6

« *Je veux rentrer à la maison* »

Quand nous revînmes à la maison avec Danny, ce fut comme si quelqu'un avait ouvert en grand les fenêtres et laissé entrer l'air. Un air frais qui parut dissiper toutes les angoisses de ces derniers mois.

A peine avions-nous franchi la porte que les garçons se précipitèrent pour le voir. Incapables de contenir leur curiosité, ils trépignaient d'impatience en attendant leur tour de regarder le bébé enveloppé dans sa belle couverture blanche festonnée de bleu. C'était la couverture que maman et moi avions achetée le jour où elle m'avait emmenée faire des achats pour le bébé. Et, malgré mes désirs avoués d'avoir une fille, j'avais choisi du blanc bordé de bleu.

Je n'avais même pas pensé à la couleur. J'avais simplement pris du bleu, comme si tous les enfants Oyler ne pouvaient être que des garçons.

Ben avait donc le petit frère qu'il avait espéré.

— Est-ce que je peux le tenir, maman ? demanda-t-il.

— Bien sûr, Ben. Installe-toi sur le canapé.

Ben s'assit, flanqué de Beau et d'Aber qui tenaient à ne pas manquer leur tour de tenir le bébé.

Je sortis Danny de sous sa couverture et le posai dans les bras de Ben. Les petits doigts de Danny s'agrippèrent à son pouce. Ben était aux anges.

— Regardez-moi ces doigts minuscules, murmura-t-il.

Les petits yeux brillants de Danny me rappelaient ceux de Ben quand il était bébé.

Quel merveilleux présent représentait ce petit être ! Pour moi, pour toute la famille, mais surtout pour Ben. De tous les projets que Ben avait notés sur sa liste, le bébé était ce qu'il attendait avec le plus d'impatience, ce qui comptait le plus pour lui.

— Et il n'aura pas besoin de piqûres ? demanda-t-il. Jamais ?

— Non, pas pour le facteur, répondis-je. Il aura ses vaccins comme tout le monde, mais pas de facteur VIII pour lui.

Beau ouvrit de grands yeux. Il était manifestement impressionné.

— C'est mon tour de le tenir, dit Aber.

— Attends, je n'ai pas fini, dit Ben.

— Tu dois partager, répliqua Aber.

Avec trois garçons se disputant les jouets, le verbe *partager* revenait souvent dans ma bouche. Aber avait beau être jeune encore, il en avait vite compris le poids argumentaire.

Par ailleurs, Danny prenait une signification

particulière pour Aber. Il ne serait plus le benjamin.

Mais bien après que la nouveauté apportée par le bébé eut cessé d'intéresser Beau et Aber, Ben continua de chérir sa venue. Il adorait l'avoir avec lui. Il semblait qu'un mystérieux lien s'était établi entre eux.

Danny chassa le chagrin que je n'avais su contenir seule. Notre entente fut immédiate et totale. Quand je le portais dans mes bras, je me sentais comme une jeune maman de nouveau. Il avait besoin de moi et j'avais besoin de lui. Il faisait renaître en moi une affection et un amour que j'avais presque oubliés.

Sa parfaite santé m'assurait qu'il vivrait, qu'il grandirait sans problème, qu'il serait solide.

Il était une promesse d'avenir, une promesse de bonheur.

Ces premières semaines furent un véritable état de grâce. Après mon séjour à l'hôpital, je me sentis reposée pour la première fois depuis des mois. Grant put prendre quelques heures sur son temps de travail pour s'occuper de la cuisine et des garçons pendant que je prenais soin de Danny.

Ben allait bien.

Certains jours, il lui arrivait de se lever sans le moindre malaise. « Je peux le faire tout seul », me disait-il si je voulais l'aider à s'habiller.

Il y avait tant de choses, tant de gestes parmi les plus quotidiens qu'il ne pouvait plus assumer depuis sa maladie que nous étions stupéfaits de le voir de nouveau les accomplir grâce au Hickman. Comme d'aller au parc et de jouer à la balançoire et même aux agrès. Nous n'y étions pas retournés depuis le jour où je lui avais parlé de Jessica.

Quand il rentra du parc, ce jour-là, il écrivit dans son journal :

J'ai joué à tous les jeux... deux fois.

Ben se porta volontaire pour de menus travaux dans la maison afin de se faire un peu d'argent de poche et d'aller au parc *Oscar Hossenfelder*. Il aida même Grant à poser un plancher. Et lorsque Aber déclara que pour son quatrième anniversaire il voulait jouer au golf miniature, Ben se réjouit à l'avance de toutes les parties qu'ils allaient faire.

La vie semblait ainsi avoir repris un cours normal. J'en éprouvais naturellement un grand encouragement.

Ironiquement, je trouvais plus difficile, maintenant que Ben allait mieux, de répondre aux questions qu'il pouvait me poser au sujet de sa maladie.

— Quand est-ce que je guérirai ? me demanda-t-il un soir, alors que je branchais le Hickman.

— Nous ne savons pas, Ben. Tu sais que le sida est une maladie grave, et les médecins font tout ce qu'ils peuvent pour t'aider. Nous devons attendre qu'ils trouvent un nouveau médicament capable de guérir.

« Et nous prierons de toutes nos forces pour cela », pensai-je.

— Maman, est-ce que le Bon Dieu veut que je guérisse ? demanda Ben.

Que pouvais-je répondre ? Je ne savais pas moi-même quelle était la volonté de Dieu. Je ne pouvais dire abruptement à Ben que j'ignorais s'il allait vivre ou mourir. Ben savait que les gens mouraient du sida. Il me revenait de maintenir chaque jour vivante en lui la flamme de l'espoir.

— Le Bon Dieu t'aime beaucoup, Benny, et je suis sûre qu'Il désire que tu ailles mieux. Mais parfois nous ne pouvons dire ni deviner Ses intentions. Nous pouvons seulement Lui accorder notre confiance.

L'amélioration de l'état de Ben rendait perplexes Beau et Aber. Ils ne savaient jamais comment se comporter avec lui, se demandant s'ils devaient continuer de ménager le « malade » ou bien le traiter comme le grand frère revenu parmi eux. Un jour, Beau arriva en courant pour regarder *G.I. Joe* à la télévision. Il trouva Ben installé devant le poste qui diffusait l'émission *Transformers*.

— C'est mon tour, déclara Beau.

— J'étais là le premier, rétorqua Ben.

— C'est pas juste, tu es toute la journée à la maison, protesta Beau. La télé n'est pas que pour toi.

— J'ai attendu toute la journée pour regarder *Transformers*. Toi, tu peux aller jouer dehors avec tes copains. Pas moi.

Beau ne sut que répondre à cela. Si Ben était malade, pas de problème. Il n'allait pas lui chercher querelle. Il connaissait les règles. Mais Ben avait l'air beaucoup mieux depuis quelque temps. Aussi ne savait-il plus comment réagir.

— Maman ! appela Beau.

Je sortis de la cuisine pour arbitrer la querelle, décidant que c'était au tour de Beau de voir son feuilleton favori. J'avais pour obligation depuis que Ben était tombé malade de pourvoir à tous ses besoins sans pour autant priver les autres de leurs droits. Cela me peinait de les voir se disputer alors que le temps qu'il leur restait à passer ensemble était si désespérément compté.

— Quand votre oncle Randy et moi étions petits, nous nous disputions tout le temps, leur racontai-je. Et puis nous avons grandi et nous nous sommes perdus de vue. Et Randy m'a manqué, comme je lui ai probablement manqué. Aussi c'est important de montrer aux autres combien on les aime tant qu'on en a l'occasion.

Je souffrais tellement pour Ben ! Il n'était pas seulement malade, mais il s'ennuyait. Il aurait aimé aller à l'école, faire du sport, de la danse, toutes ces choses qu'il aimait.

L'institutrice que l'école nous assigna enfin séduisit Ben le premier jour de son arrivée avec un sac plein de ce que Ben appela des « toupies ». C'étaient des bulbes de tulipes et de jonquilles. Ben était impressionné. Il n'avait jamais vu de bulbes de sa vie, et il ne pouvait croire que de ces vilains oignons pourraient surgir des fleurs magnifiques.

Je les regardai tous deux, tandis qu'ils plantaient les bulbes dans le jardin. Ben était heureux. Je me demandai toutefois pourquoi elle avait choisi des bulbes, qui prenaient tant de temps à pousser. N'aurait-il pas été plus facile de planter des graines ou de jeunes plants ? Je ne pouvais m'empêcher de me poser la question de savoir si Ben vivrait assez longtemps pour voir les fleurs.

Chaque jour il allait voir si n'apparaissait pas une pousse. Avec ces bulbes, l'institutrice avait fourni à Ben une source d'intérêt pour cet extraordinaire miracle qu'est la genèse d'une plante.

Mais aucun adulte, ni frère ni proche, ne pouvait compenser le fait que Ben n'avait pas d'amis de son âge pour jouer. Il y avait bien de temps à autre quelques garçons du voisinage qui passaient à la maison, mais sitôt que Ben se mettait à tousser ou à vomir, ils s'empressaient de prendre congé, laissant Ben à ses misères.

Nous rencontrâmes d'anciens amis de Ben, un jour que nous avions accompagné Beau à un match de football européen.

— Pourquoi ne vas-tu pas leur dire bonjour ? proposai-je à Ben.

— Je n'en ai pas envie, me dit-il. Et puis ils ne se souviennent sûrement pas de moi.

— Dis-leur que tu es Ben Oyler, de l'école de Carmel.

Je dus l'encourager encore un peu pour qu'il se décide. Les garçons étaient d'anciens camarades de classe, mais ils ne le reconnurent pas.

— Ben Oyler ? demanda l'un d'eux, incrédule.

— Ouais, c'est moi, dit Ben. J'ai été malade, c'est tout. Tu te souviens du garçon qui avait le sida à River School ? C'est moi.

L'un des deux fit un pas en arrière, et je vis à son expression que Ben était blessé. Je me levai rapidement et, Danny dans mes bras, je m'approchai d'eux.

Je demandai aux garçons s'ils savaient ce qu'était le sida. Et celui qui avait reculé me dit que c'était terriblement contagieux. Et qu'on en mourait. Je décidai de leur parler pendant quelques minutes de ce mal « terriblement contagieux », leur expliquant de quelle façon on risquait d'être contaminé. Ce n'était certainement pas en jouant ensemble, comme ce pouvait être le cas de la grippe. La meilleure preuve que je pouvais leur donner, c'était que ni ses parents ni ses frères ne l'avaient attrapé malgré la présence permanente de Ben parmi eux.

Il y a des moments dans la vie qui arrivent comme par magie. Ce fut ce qui se passa en cet instant. Le petit garçon qui avait paru le plus effrayé par le mot sida s'approcha de Ben et lui donna une feuille de papier pour lui montrer comment confectionner une étoile de Ninja.

Les yeux de Ben s'éclairèrent. Il porta aussitôt son attention à plier sa feuille comme l'autre le lui indiquait. Il était heureux. Je m'éloignai, alors que Ben se lançait dans une conversation animée sur les guerriers Ninja.

— Vous savez, j'ai une vraie étoile à lancer chez moi !

Pendant une heure, Ben et les deux garçons fabriquèrent des étoiles. Ben nota le numéro de téléphone de l'un d'eux, mais je savais qu'une fois rentrés leurs parents ne leur permettraient jamais de revoir un enfant atteint du sida.

J'étais heureuse d'avoir revu Ben en compagnie d'enfants de son âge mais en même temps terriblement peinée de constater la différence physique qu'il pouvait y avoir entre lui et des garçons en bonne santé. Ceux-ci étaient maintenant plus grands que lui. A côté d'eux, Ben avait l'air d'un enfant souffreteux, au visage gonflé. Ben avait repris du poids, mais ces kilos étaient comme de la mauvaise graisse. La chair restait molle, son teint pâle.

Il n'était pas étonnant qu'ils ne l'aient pas reconnu. Il n'était plus le Ben Oyler dont ils se souvenaient. Il n'était plus le Vieux Ben.

Vers la fin du mois de novembre, la santé de Ben s'altéra de nouveau. Ses quintes de toux s'aggravèrent. Et les crampes d'estomac réapparurent.

Il me sembla également qu'il titubait parfois, et je commençai à redouter que le sida n'attaque son cerveau. N'y avait-il donc aucune limite à la progression de cet horrible mal ? Nous conduisîmes Ben à l'hôpital, où on lui fit passer un scanner. Mais les médecins ne décelèrent rien d'anormal. Avec le sida, nous dirent-ils, des troubles survenaient « sans raison apparente ».

Nos frais médicaux étaient extrêmement élevés, et Grant devait travailler deux fois plus. La fatigue que j'avais si bien connue avant la naissance de Danny revint.

Parfois, quand les malaises de Ben empiraient ou que la journée était trop éprouvante, j'allais m'enfermer dans ma chambre. Je m'installais dans le fauteuil à bascule avec Danny sur mes genoux parce que j'avais besoin de sentir sur moi la chaleur de son petit corps.

Je me fermais alors au monde pour ne plus être qu'une maman. Pour la première fois, je parvenais à me retirer du cercle de la famille pendant quelques précieuses minutes. Non parce que je n'aimais plus comme avant mon mari ou mes enfants, mais parce que je me sentais momentanément incapable de faire face.

Je pensais à Jessica, au coma dans lequel elle avait été plongée avant de mourir. Cela arriverait-il à Ben ? Allait-il nous échapper avant que nous ayons eu le temps de le préparer à l'existence qui, selon notre croyance, l'attendait au-delà de ce monde ? Sa disparition allait-elle nous surprendre au moment même où nous nous efforcions de garder notre espoir intact ?

Grant et moi, nous décidâmes de réunir la famille un soir au coin du feu. Nous installâmes Ben et son appareil de perfusion dans le salon, près de la cheminée. Nous chantâmes et dîmes une prière. J'avais Danny dans les bras, et Beau et Aber s'installèrent sur le canapé, tandis que Grant commençait la leçon.

— Vous savez tous combien nous sommes reconnaissants envers Dieu d'avoir Danny parmi nous, dit-il.

— Oui ! répondirent à l'unisson les garçons.

— Eh bien, parlons de Danny, poursuivit Grant, tandis que Ben, Beau et Aber ne le quittaient pas des yeux, impatients de la suite. Avant que Danny naisse, il était une âme... disons qu'il ressemblait à votre main... (Grant leva une main et remua les doigts.) ... Et quand il naquit... (Grant tira un gant de sa poche et l'enfila sur sa main.) ... Quand il naquit, son âme prit un corps... comme ce gant... (Il remua ses doigts gantés.) ... C'est son âme qui a donné vie à son corps comme ma main donne vie à ce gant. Vous comprenez ?

Les enfants étaient fascinés. Aucun d'eux ne pipait mot. Grant se tut et observa leurs expressions pour s'assurer qu'ils l'avaient bien compris.

— Et quand vous mourez, reprit-il, c'est comme si votre corps quittait de nouveau votre âme.

Il ôta le gant et le posa sur la table basse devant les garçons, qui contemplèrent, bouche bée, l'objet sans vie.

— Mais l'âme, elle, vit toujours, dit Grant en remuant de nouveau les doigts. Vous voyez, nos corps meurent, mais nos âmes ne meurent jamais. Elles vivent éternellement.

— Mais je ne veux pas mourir, dit Beau.

— Personne ne veut mourir, dit Grant. Nous aimons vivre. C'est bon de vivre. Le monde est magnifique. Mais il ne faut pas avoir peur de mourir. Nous mourrons tous un jour ou l'autre.

— C'est le cycle de la vie, Beau, ajoutai-je. Les hommes, les animaux, les plantes naissent et puis ils meurent. Cela fait partie de la création de Dieu. Tu ne dois pas avoir peur de la mort, Beau, parce que mourir est juste une façon de vivre. Après la mort, nous allons tous vivre une autre vie au paradis.

Ben se taisait. Je me souviens de m'être demandé à quoi il pouvait penser et s'il savait que cette leçon était pour lui.

Noël approchait. Cela avait toujours été ma période préférée de l'année. C'était pour moi le temps de l'amour, le temps de tendre la main aux autres.

Je m'installai un matin avec Ben pour faire la liste de toutes les attentions que nous pouvions avoir pour les amis et tous ceux qui nous avaient aidés. Une crème glacée faite maison pour le docteur Penn. Une guirlande pour la porte des Rasband. Quelques cadeaux que nous laisserions devant des portes sans que personne n'en devine les auteurs. Mais je ne savais pas s'il pourrait m'accompagner. Et je ne voyais pas comment je trouverais le temps de le faire.

J'avais toujours pensé que toute mère était responsable de l'esprit de Noël dans sa maison. Serais-je assez chaleureuse et enthousiaste malgré les douleurs qui avaient repris Ben ? Je ne savais même pas s'il serait à la maison ou à l'hôpital pour la Noël.

Nous installâmes comme chaque année sur le piano familial notre modèle réduit de village sous la neige, avec ses petites maisons de carton-pâte, ses arbres en papier saupoudrés de givre, et le petit train électrique qui tournait autour. Je fis des gâteaux. Je décorai la maison. Ben m'aida à porter nos présents.

Pour la première fois depuis notre mariage,

Grant et moi avions une baie vitrée devant laquelle j'avais rêvé d'installer un grand, un vrai sapin de Noël. C'était cela qui m'avait séduite lorsque nous avions visité la maison. J'avais aussitôt pensé à Noël. Mais à présent, le grand sapin avait beau clignoter de toutes ses lumières devant la baie vitrée, je me prenais de nostalgie pour le petit arbre de Noël casé dans un coin de notre duplex.

L'une des infirmières préférées de Ben, Heather, l'emmena à *Oscar Hossenfelder* faire un tour de manège et manger une glace. Mais ce fut son cadeau qui emballa le plus Ben : une paire de gants pour danser le break. Il ne les quittait plus.

J'avais l'impression d'être sur des montagnes russes. Nous étions montés avec le Hickman et maintenant nous descendions la pente. Je voulais seulement que Ben tienne le coup.

La veille du réveillon de Noël, il heurta le chambranle en entrant dans sa chambre et manqua s'évanouir sous le choc. J'appelai l'hôpital, mais je savais qu'ils ne pourraient rien me dire de plus. Ils avaient fait tous les examens possibles, sans parvenir à trouver une origine quelconque à ces nouveaux problèmes moteurs.

Cette nuit-là, ce fut d'un cœur lourd que j'écrivis dans mon journal :

J'ai peur que Ben ne meure bientôt. Je prie chaque jour pour qu'un remède soit trouvé au sida.

Quand je demandai à Ben ce qu'il aimerait comme cadeau pour Noël, sa réponse me surprit :

des leçons de violon ! Il n'avait jamais exprimé auparavant un goût quelconque pour cet instrument, et encore moins le désir d'apprendre à en jouer. Mais s'il désirait prendre des leçons de violon, je ferais mon possible pour réaliser son souhait.

La veille de Noël, nous nous mîmes en quête d'un violon, et nous en trouvâmes un dans une boutique d'antiquités dans Cannery Road. Puis je me mis en devoir de trouver un professeur qui pourrait être disponible dès le début janvier. Je commençai par tomber sur une femme qui me répondit qu'elle préférait d'abord consulter son médecin avant de me donner une réponse. Si elle avait peur d'attraper le sida en enseignant le violon, alors elle n'était certainement pas le professeur dont Ben avait besoin.

Après une série de coups de téléphone, je trouvai une dame âgée qui aimait l'instrument et se montrait tout à fait compréhensive à l'égard de la situation particulière de Ben. C'était parfait. Ainsi les leçons de violon devinrent pour Ben un nouveau but à atteindre.

Nous n'avons pas acheté beaucoup de jouets pour Noël, cette fois-là. Cela ne nous semblait pas important. La veille de Noël, nous lûmes la Bible et nous chantâmes des chants de Noël. Mais ceux-ci ne trouvaient pas dans mon cœur leur écho habituel.

Nous ouvrîmes les cadeaux le lendemain matin. Mais tandis que Beau et Aber s'empressaient de défaire les emballages et d'ouvrir les boîtes, Ben les observait, assis sur le canapé.

Finalement il se leva et donna à chacun d'entre nous un petit paquet enveloppé par ses soins et nous regarda les ouvrir. C'étaient de petites figurines en céramique qu'il avait modelées à son club de scouts. Un ours pour Beau, un chien pour Aber, un cœur rouge pour moi, sur lequel il avait écrit : « Je t'aime, maman. » Et pour Grant une statuette d'argile qu'il avait faite à l'hôpital, représentant, avec une infinie précision dans le détail, Abraham Lincoln, avec sa barbe et son haut chapeau, un livre ouvert sur ses genoux.

Mais ces petits présents signifiaient tellement pour nous ! Les figurines sont toujours là pour nous rappeler la tendresse et l'énergie que Ben avait mises à les faire.

Comme je contemplais le désordre du salon ce matin-là, je pensai que j'avais de la chance d'être la mère de ces quatre garçons. Ils avaient chacun un caractère différent. Ben, plein d'invention et de courage. Beau, fort et calme. Aber, qui était devenu un petit garçon débrouillard sans que je m'en aperçoive.

Quant à Danny, il m'avait redonné foi en la vie. J'avais le sentiment qu'à travers lui Dieu me signifiait que je pouvais encore être une mère non seulement pour le bébé, mais pour Ben, Beau et Aber. Je pouvais presque entendre une petite voix qui me soufflait : « Oui, tu en es capable, sinon Dieu ne t'aurait pas donné d'enfants. »

Ben avait appris à jouer *Hot Cross Buns* sur son violon avant que nous le ramenions à l'hôpital. Le Hickman lui avait permis de passer quatre mois à la maison. Mais à présent les soins que nous pouvions lui donner à domicile n'étaient plus suffisants. Ses douleurs d'estomac s'étaient encore aggravées.

Pendant près de sept mois, Ben avait constamment souffert de vomissements et de diarrhées. Il avait maintenant des crampes terriblement douloureuses.

Cette fois, les médecins diagnostiquèrent une pancréatite qui, dans sa phase aiguë, était de leur avis un véritable « drame abdominal » : douleur brutale, atroce, avec angoisse et état de choc. Ils augmentèrent les doses d'antalgiques et pratiquèrent un tubage duodénal pour y prélever des sucs pancréatiques.

Ben était très mal. Le passage brutal d'un état de relatif bien-être à la souffrance présente était particulièrement difficile pour lui. Il connaissait cependant de temps à autre quelques instants de paix. Il s'intéressait alors à un nouveau modèle réduit d'avion jusqu'à ce que ses mains se mettent à trembler et qu'il ne puisse terminer de monter la maquette. Il n'écrivit dans son journal qu'une seule phrase au cours des mois de février et mars : « Je suis à l'hôpital. » C'est tout. Son écriture était à peine lisible.

Les jours, les semaines passèrent.

Je pensais que cela ne pouvait durer, qu'il devait y avoir une fin à toute souffrance. Puis je me rappelai que le temps était notre allié dans la bataille que nous livrions, que chaque jour gagné nous rapprochait peut-être de celui où le remède serait trouvé.

Le monde avait de nouveau perdu pour moi de

son intérêt. Notre famille se retrouvait séparée une fois de plus. Grant et moi, nous nous croisions. Il travaillait pendant que j'étais à l'hôpital. Beau et Aber séjournaient chez des amis ou des parents, et je redoutais parfois qu'ils fussent eux aussi malades. Il me tardait de revoir leurs visages colorés et d'entendre leurs voix joyeuses.

J'écrivis un soir dans mon journal que la présence de Danny était devenue mon unique garde-fou. Je crois en effet que sans lui j'aurais peut-être perdu la raison.

Grant et moi, nous devions faire en sorte que notre famille soit de nouveau réunie. Mais comment ? Si seulement nous avions su combien de temps Ben devrait rester à l'hôpital ! S'il devait y passer toute une année, nous pourrions déménager à Palo Alto. J'inscrirais Beau dans une nouvelle école. Grant y ouvrirait un atelier.

Nous désirions seulement organiser nos vies comme si nos espérances se réaliseraient un jour, comme si Ben reviendrait parmi nous. J'avais dans l'idée que le Hickman pourrait soutenir Ben pendant trois années. Je n'avais aucune raison de penser une chose pareille. C'était une intuition. Je me disais donc que nous pourrions, dans ce cas, organiser notre existence autour de l'hôpital, à Palo Alto.

Mais si Ben mourait, comme le prévoyaient les statistiques, avant le mois de mai ?

Je ne pouvais penser à cela. Je ne le pouvais pas parce que je devais garder l'espoir que Ben vivrait. Et pourtant, Grant et moi, nous devions dans le même temps tenir compte de cette éventualité pour toutes les décisions pratiques que nous serions amenés à prendre pour notre famille.

C'était une horrible contradiction : espérer dans la vie et en même temps se préparer à la mort d'un enfant.

Finalement nous décidâmes de retirer Beau de l'école et de l'emmener avec Aber au foyer McDonald où ils seraient avec moi. Grant travaillerait les mardi, mercredi et jeudi, afin de passer un long week-end de quatre jours avec nous à l'hôpital. Pour cela, il devrait travailler plus de douze heures par jour.

Une nuit qu'il était rentré à la maison après avoir passé une semaine avec nous, il entendit du bruit dans la cuisine. Il se leva, descendit et y découvrit une bande de rats d'eau. Il avait plu pendant tout le week-end. Les eaux avaient monté, dérangeant les rats qui avaient cherché refuge dans les maisons voisines.

Il me raconta qu'il était allé chercher sa carabine et qu'il s'était mis à tirer sur les rats comme à un stand de tir.

— Je suis désolé, Chris, me dit-il. Je ne sais pas ce qui m'a pris. Je me suis arrêté de tirer quand certains ont grimpé sur l'étagère où tu ranges ton service en porcelaine.

— Je suis heureuse de savoir que mes tasses ont moins souffert que les rats, plaisantai-je.

Cela ne ressemblait pas au Grant que je connaissais de faire ainsi des cartons en pleine nuit sur de pauvres bestioles.

La fatigue et l'inquiétude commençaient à peser sur nous tous.

Même sur Beau.

La psychologue de l'école avait eu plusieurs entretiens avec lui, et elle avait recommandé que Beau continue de voir quelqu'un à l'hôpital.

— Il serait bon qu'il ait quelqu'un d'étranger à votre famille avec qui il puisse parler, me dit-elle. Ne vous inquiétez pas. Vous vous comportez très bien ; contentez-vous de bavarder avec lui s'il en manifeste le désir.

C'était un bon conseil, mais comment aurais-je pu trouver le temps de parler à Beau dans l'intimité que requérait ce type de conversation ? Je savais que Beau avait besoin de moi. Je ne lui avais pas assez accordé d'attention tous ces derniers mois. Les souffrances de Ben, les besoins élémentaires de Danny et les bêtises du turbulent Aber me prenaient tout mon temps.

Quand nous nous installâmes à l'hôpital, Beau et Aber s'en trouvèrent ravis. Je fis mettre deux lits pliants supplémentaires dans une chambre d'angle du foyer Ronald McDonald. Il ne nous restait guère de place pour bouger, mais les garçons avaient l'impression de camper. A leur âge, tout était encore prétexte à s'amuser.

Je me sentis mieux de les avoir avec moi. Nous étions redevenus une famille. Mais c'était une épreuve que de nourrir Danny en pleine nuit sans réveiller les deux autres, et pour moi de trouver quelques heures de sommeil.

Une nuit, à trois heures du matin, le téléphone sonna. C'était une infirmière. Ben avait rejeté sa sonde gastrique. Ce n'était pas la première fois. Ils avaient procédé à plusieurs tubages, mais aucune des sondes n'avait tenu. Ces ponctions de sucs étaient extrêmement douloureuses pour Ben, et ils allaient maintenant insérer une sonde d'un diamètre plus gros, dans l'espoir qu'elle tiendrait.

— Il nous a demandé de vous faire venir, me dit l'infirmière. Il ne veut pas de sonde si vous n'êtes pas là.

Je voulais désespérément être aux côtés de Ben, mais je ne pouvais laisser les autres garçons. Danny avait reçu son premier vaccin, il était fiévreux et agité. Beau dormait. Aber était parti avec Grant.

Je ne savais pas quoi faire. Je me sentais comme écartelée. J'avais pensé que je pourrais avoir ma famille réunie en un seul lieu, que je pourrais ainsi mieux affronter les choses. Et voilà que Ben était à une centaine de mètres de moi et que je me retrouvais dans l'incapacité d'agir. Tout le monde avait besoin de moi à la fois.

— Pourriez-vous me passer Ben ? demandai-je.

— Maman, ça fait mal, gémit Ben. Je ne veux pas qu'ils me fassent ça.

— Je sais que ça fait mal, mon chéri. Ecoute, Ben, je ne peux pas laisser Danny. Il a de la fièvre, et Beau dort. Je ne peux pas les laisser seuls. Mais si tu gardes le téléphone à côté de ton oreille je resterai là et te parlerai pendant qu'ils te placeront la sonde. Je serai là, d'accord ?

Je dis une petite prière à l'oreille de Ben :

— Mon Dieu, je Vous en prie, aidez Ben. Donnez-lui du courage.

Je berçais Danny pendant que je parlais à Ben au téléphone. Assise dans le noir, j'entendais les hoquets et les gémissements de mon fils tandis que les infirmières inséraient la sonde à travers l'œsophage.

— Essaie de te détendre, Benny. Continue d'avaler. Je t'aime. Tu peux y arriver. Je sais que ça fait mal, mais tu es si courageux... Tu te sentiras mieux une fois qu'ils auront placé ce tube... Ce sera fini dans une minute.

Quand les bruits cessèrent à l'autre bout de la ligne, j'entendis Ben qui essayait de me dire bonsoir.

Combien de temps pourrait-il tenir ? Jusqu'où son calvaire irait-il ? C'était tellement injuste que notre petit garçon souffrît autant alors qu'il n'avait rien fait pour mériter ça.

Comme je raccrochais, je m'aperçus que la tête de Danny était trempée de mes larmes. Sous ses couvertures, Beau remua. Etait-il éveillé ? Avait-il entendu ma conversation avec Ben ?

— Beau ? murmurai-je.

Il ne me répondit pas.

Partout où je portais les yeux, je voyais des enfants en besoin d'affection, d'attention. Mes enfants. Et j'étais là, à pleurer dans le noir, à sentir le peu d'énergie qui me restait être emporté dans mon chagrin.

C'était un samedi matin. Grant était avec Ben. Je me promenais dans les jardins de l'hôpital avec Beau, Aber et Danny quand j'entendis un appel dans les haut-parleurs :

— Urgence à la 205 !

La chambre 205. C'était la chambre de Ben. Je courus au téléphone le plus proche et appelai la chambre de Ben. Il n'y eut pas de réponse. Je me précipitai dans le bâtiment, Beau et Aber trottinant derrière moi, quand il y eut un autre appel. L'équipe de réanimation respiratoire était demandée d'urgence dans la 205 !

Je rencontrai une infirmière dans le couloir. Je lui confiai les garçons et me hâtai vers la chambre de Ben.

Quand j'arrivai à la porte, internes et infirmières s'affairaient autour de Ben qui était pris de violentes convulsions. Je n'avais jamais, jamais vu un corps s'agiter avec une telle force. Et ce corps était celui de mon petit garçon.

Je restai là, stupéfiée, terrifiée, pendant qu'un des internes faisait une injection à Ben. Je vis soudain parmi les blouses le visage de Grant. Il se tenait à la tête du lit, essayant de maintenir Ben. Il me fit signe d'approcher. Je me frayai un chemin à travers les soignants. Je voulais toucher mon fils.

Soudain, les convulsions cessèrent, et son corps se relâcha. Ben ne bougeait plus.

« Ben, tu es vivant ? Ben ! »

Je lui pris la main et me mis à lui parler à l'oreille. S'il était vivant, il m'entendrait.

— Je t'aime, Ben. Je t'aime, dis-je.

Je levai les yeux et vis Grant qui lui tenait l'autre main. Il avait le visage blanc comme un linge.

— Nous sommes là, Ben, papa et moi. Nous t'aimons.

— Maman... je veux rentrer à la maison.

Sa voix était à peine audible.

Une infirmière me regarda comme pour me dire qu'il était hors de question qu'il quitte l'hôpital.

— Tout ira bien, Ben. Nous sommes là. Nous ne te quitterons pas, dis-je.

— Maman, je veux rentrer à la maison.

Ben dut répéter pour que je comprenne enfin qu'il ne parlait pas de notre maison à Carmel, mais de celle que nous lui avions décrite quelque part dans le Ciel. C'était dans cette maison-là qu'il voulait aller.

— C'est d'accord, mon chéri. Je comprends.

— Et tu viendras me rendre visite là-bas ?

— Oui, Ben, je viendrai. Un jour.

7

« Tu as gagné, Ben ! Tu as gagné ! »

Ben gisait sur son lit. Immobile. Les yeux clos. Un appareil mesurait sa respiration. Ses jouets étaient restés empilés en désordre dans un coin de la chambre, là où on les avait repoussés pour faire de la place à l'équipe de réanimation.

Le docteur Glader était de congé ce jour-là, mais il vint cependant examiner Ben. Il nous expliqua que Ben avait eu une crise d'épilepsie, et qu'il avait de la chance d'être encore en vie.

La crise, dit-il, était probablement consécutive à un début de détérioration du système nerveux central par le sida. Il se pouvait qu'il y ait des dommages cérébraux. Une paralysie. Il se pouvait également qu'il n'y ait aucune séquelle.

Il ajouta un neuroleptique à la liste déjà si longue des médicaments administrés à Ben et nous dit de ne pas nous étonner si Ben dormait longtemps. Son corps avait besoin d'un long sommeil afin de se remettre du choc causé par la crise. Il nous avertit par ailleurs qu'une nouvelle crise pouvait survenir.

Une fiole contenant un médicament à lui donner en cas d'urgence était maintenue par un ruban adhésif sur le mur au-dessus de son lit.

Après nous être entretenus avec le docteur, Grant et moi, nous nous en fûmes retrouver Beau et Aber.

Aber regardait la télé. Beau fixait le petit écran d'un regard figé. Il était pâle comme un linge. Il leva la tête vers nous, et il était manifeste qu'il avait peur de ce que nous allions lui annoncer. J'étais moi-même tellement bouleversée que j'avais le plus grand mal à retrouver cette voix maternelle, celle qui serait capable de dire à Beau la vérité sans l'effrayer.

— Il dort, maintenant, Beau, dis-je.

— Qu'est-ce qu'il lui est arrivé, maman ?

Beau vint vers moi et je le fis asseoir sur mes genoux, tandis que Grant prenait Aber avec lui. Aber était encore tout petit malgré ses quatre ans.

— Il a eu ce qu'on appelle une crise, Beau.

— C'est grave ?

— Oui, assez grave. Mais c'est fini, maintenant.

Beau, la tête baissée, contempla ses petites mains pendant un instant puis me demanda :

— Maman, est-ce que Ben va mourir ?

« Ô Beau... que puis-je te dire ? » Je sentis ma gorge se nouer. Tant d'émotions se bousculaient en moi. Je ne savais que répondre à Beau. Je devais mobiliser toute ma volonté pour ne pas éclater en sanglots. Ça, il ne fallait pas que ça arrive. Il ne le fallait pas. Beau avait besoin d'être rassuré. Il en avait désespérément besoin.

Je devais trouver les mots.

Je le tins serré contre moi pendant une minute, puis je pris une profonde inspiration et lui dis :

— Je ne sais pas, Beau. Personne ne le sait. Je sais combien c'est dur pour toi. Mais tu n'as pas à t'inquiéter. Pour le moment il dort. Il va bien. Il est seulement très fatigué, et il a besoin de dormir pendant quelque temps.

— J'aime beaucoup Ben, maman.

— Je sais, Beau, je sais. Ecoute, j'ai besoin de retourner auprès de Ben. Est-ce que tu sauras être courageux pendant quelques jours de plus ? Alors nous reparlerons de ça, d'accord ?

Il hocha doucement la tête contre ma poitrine.

— Je t'aime, Beau.

Je voyais bien que Beau avait terriblement besoin de ma présence. Depuis des semaines il était transbahuté d'un endroit à l'autre. Il avait perdu tout point de repère. On l'avait retiré de l'école, il n'était plus à la maison, il ne voyait plus que rarement ses parents.

Depuis combien de temps se posait-il la question de savoir si Ben allait mourir ?

Mon chemisier était trempé de ses larmes. Il était mon fils aussi. Et je l'aimais beaucoup. Mais l'urgence du moment commandait que je sois auprès de Ben. Je m'efforcerais plus tard de consoler Beau, de le soulager de la peine qu'il éprouvait à présent. « Bientôt je m'occuperai de toi, Beau. Je te le promets. »

Je mesurerais plus tard l'étendue de la peur de Beau, ce jour-là. Il me confessa quelques mois après qu'il avait échappé à l'infirmière pour me suivre et jeter un coup d'œil dans la chambre de Ben. Il avait pu voir la fin de la crise, les internes s'activant autour de Ben, le masque à oxygène qu'on lui appliquait sur le visage, puis le corps de son frère qui se relâchait brusquement et ne bougeait plus.

Mais ce jour-là je n'avais pas le temps de m'asseoir avec Beau et de lui parler. Je n'aurais de toute façon su que lui dire. J'étais bien trop bouleversée pour aligner deux pensées cohérentes à la suite.

J'embrassai Beau et Aber, leur dis au revoir une fois de plus et les regardai s'éloigner avec de bons amis à nous qui, par hasard, se trouvaient à l'hôpital, où ils étaient venus rendre visite à un parent.

Grant et moi restâmes assis de chaque côté du lit de Ben pendant le restant de la journée. Nous attendîmes ainsi avec l'infirmière de garde que Ben se réveille. Que Ben soit victime d'une nouvelle crise. Que quelque chose arrive.

Quand le soir tomba, un deuxième lit de camp nous fut fourni, de façon que nous puissions rester tous les deux. Mais je crois que, cette nuit-là, Ben fut le seul à dormir.

Ben était prêt à mourir. Il me l'avait dit à sa manière. Ses mots me revenaient sans cesse à l'esprit : « Je veux rentrer à la maison. »

C'était la première fois que Ben avait évoqué avec autant d'insistance sa propre mort. Nous nous étions entendus tous les deux pour continuer de mener ce combat sans parler de son issue possible. Cet accord non formulé clairement préservait ainsi l'espoir que nous voulions garder d'un heureux dénouement. Ben avait dû se sentir très proche de la fin pour se risquer à prononcer ces mots.

Que pouvions-nous faire, maintenant ? Grant et moi, nous avions été en quelque sorte les avocats de Ben dans cette vie. Que voulait-il que nous fassions ? Qu'on le laisse s'en aller ? Une heure à peine avant cette crise, Ben avait joué en compagnie de Beau et d'Aber. Le jour précédent, il était sorti dans le jardin pour terminer l'un de ses modèles réduits, et il avait parlé d'en fabriquer un nouveau.

Cela ne ressemblait pas à un enfant conscient d'une mort imminente, non ? De toute évidence, Ben s'était toujours accroché à la vie.

A présent, toutefois, il était possible que Ben meure soudainement. Cette nuit. Demain. Il était également possible qu'il tombe dans un coma comme son amie Jessica, qu'il soit ainsi artificiellement maintenu en vie. Un mort-vivant. Une moitié de Ben. Et ça, ni Grant ni moi nous ne pouvions l'accepter.

Les médecins avaient-ils le devoir moral de maintenir Ben en vie, quel que fût son état, aussi longtemps que des médicaments ou que des machines seraient capables de relayer ses organes vitaux en cas de défaillance ?

— Cela dépend de vous, nous dit Judie Lea, quand nous lui posâmes la question, alors que Ben dormait.

Judie nous guidait à travers un territoire qui nous était totalement étranger, à Grant et à moi.

Elle nous guidait mais ne cherchait aucunement à influencer notre décision.

— Nous ne voulons pas qu'il soit maintenu en vie artificiellement, affirma Grant. Je veux dire, quand son heure sera venue.

— Mais comment pourrions-nous savoir quand son heure viendra, Grant ? dit Judie. Qui pourrait le savoir ? Il y a cependant une démarche que l'hôpital vous autorise à faire, un papier à signer...

— Un papier ? demandai-je.

— Oui, vous pouvez demander à ce qu'il ne fasse pas l'objet d'un acharnement thérapeutique.

Judie nous assura que cette demande ne changerait rien aux soins reçus par Ben. Il continuerait d'être soigné comme avant. La seule différence serait qu'en cas d'arrêt du cœur, par exemple, il ne serait pas placé en réanimation et maintenu artificiellement en vie.

Nous nous consultâmes, Grant et moi, et n'eûmes aucun mal à prendre la décision d'un commun accord. Les papiers furent signés le jour même.

Désormais, si pour Ben le temps était venu de mourir, nous ne nous opposerions pas à sa mort. Est-il nécessaire de dire qu'en signant ce document je souhaitais plus ardemment que jamais qu'il vive ?

Ben dormit pendant deux jours. Au matin du troisième, il rouvrit les yeux. Grant et moi poussâmes à l'unisson un grand soupir de soulagement. Il était vivant. Secoué mais en vie. Alors que Grant, Beau et moi étions traumatisés par cette crise, Ben n'en avait aucun souvenir.

Et, une fois de plus, il lutta pour aller mieux. Quelques jours plus tard, il sembla que rien ne s'était passé. A la fin de la semaine suivante, il était même en assez bonne forme.

Les infirmières revinrent avec l'intention de lui replacer sa sonde qu'elles avaient dû enlever pendant la crise. Il refusa. Gentiment mais fermement.

— Je veux parler au docteur Glader, dit-il.

Il ne cherchait pas du tout à se montrer désagréable mais se comportait simplement en malade désireux de consulter son médecin traitant. Ben connaissait assez bien l'hôpital maintenant pour savoir que les infirmières n'avaient pas le pouvoir de décision. Il ne voulait pas non plus voir un simple interne. Non, il désirait s'adresser au patron.

Le docteur Glader arriva dans l'après-midi, et Ben lui dit que cela faisait plusieurs semaines qu'il supportait la sonde et qu'il ne se sentait pas mieux pour autant. Au contraire. Il avait donc envie d'essayer sans cet affreux tube. De toute façon, ajouta-t-il, il vomissait tellement souvent que les sucs gastriques que la sonde était censée retirer s'évacuaient d'eux-mêmes.

Le docteur Glader me regarda en haussant les sourcils avec l'air de me dire que j'avais là un fils qui savait ce qu'il voulait. Je souris. Je connaissais parfaitement la force de conviction de Ben et son entêtement quand il avait décidé d'une chose qui lui semblait juste. Il aurait fait un excellent avocat.

— D'accord, Ben, concéda le docteur Glader. Je dois dire que tu m'as convaincu. Nous allons essayer sans sonde.

— Merci !

Ben était content. Il venait de s'affirmer, de reprendre un peu le contrôle de sa propre vie. Le pauvre avait dû se soumettre à tellement de contraintes depuis sa dernière admission à l'hôpital !

La semaine suivante, le père de Grant emmena Brett et Joey visiter leur cousin Ben. Ils surgirent dans la chambre en jeans et en baskets, leur grand-père derrière eux. Ben était fou de joie. Il adorait ses cousins.

— Regarde ce qu'on t'a apporté, Ben ! s'écria Brett.

Joey lui tendit une petite pièce de bois de pin d'une vingtaine de centimètres de long sur sept de large et épaisse de six. Ben retourna la pièce dans ses mains. Il était perplexe. Ses cousins lui paraissaient remplis d'un enthousiasme dont il ne saisissait pas la cause.

— C'est pour la course du Bois de Pin, Benjamin, lui expliqua son grand-père. Jamais entendu parler de ça à ton club de scouts ?

Ben secoua la tête. Cela faisait tellement longtemps qu'il n'y était pas allé !

— C'est une grande course ! dit Joey. Tu commences par sculpter une voiture de course dans ce morceau de bois. Après, tu mets des roues. Et puis tu l'engages dans la course. Il y a des médailles et tout à gagner !

— Tu veux dire que je peux fabriquer la voiture que je veux ?

— Ouais ! On apportera notre bois, dit Brett. Comme ça, on pourra les fabriquer ensemble.

— Super ! s'exclama Ben.

Ce fut ainsi que Ben, son grand-père et ses cousins installèrent un atelier de bois dans la chambre. Ils découpèrent des photos de voitures dans des magazines et étudièrent les modèles réduits déjà construits par Ben. Ils discutèrent longuement des vertus de tel ou tel profil aérodynamique. Leur sérieux et leurs connaissances me stupéfiaient.

Brett et Joey dessinèrent directement leurs modèles sur le bois. Mais Ben commença par représenter le sien dans tous ses détails sur du papier, le dessinant sous différents angles afin d'avoir une idée exacte de ce que la voiture serait une fois terminée. Son modèle, surbaissé à l'avant, avait le fameux « profil aérodynamique » et beaucoup d'élégance.

Ben s'attaqua alors au bois.

Ses cousins étaient déjà au travail, et les copeaux de bois volaient dans toutes les directions. Le grand-père Oyler sortit son couteau de poche et le tendit à Ben.

— Tu pourras y arriver, Benjamin ?

Ben prit le lourd canif et commença d'entamer le bois. Celui-ci avait beau être tendre, Ben n'avait plus assez de force pour le tailler.

— Tu veux que je t'aide ? demanda grand-père.

Ben leva les yeux vers lui en souriant.

— Oui, c'est trop dur pour moi.

Pendant un moment, le grand-père Oyler guida la main de Ben. Mais, à la fin, il dut se charger lui-même du travail.

A l'issue de la journée, il y avait des copeaux partout. Mais trois voitures de course n'attendaient plus qu'un coup de peinture.

— Je veux la mienne en rouge métallisé ! dit Joey.

— Et moi, argent avec une bande noire, dit Brett.

— Grand-père, je suis obligé de peindre la mienne ? demanda Ben.

— Non, je ne le pense pas, Benjamin. Pourquoi ? Tu veux la laisser comme ça ?

— Non, je voudrais seulement une couche de vernis incolore, pour qu'on voie le bois dessous, comme l'abri pour oiseaux que j'ai fait avec grand-père Ralph.

Les essais avaient lieu le week-end suivant, et nous eûmes la permission de l'hôpital de l'emmener à la maison pour qu'il voie comment roulait sa voiture. La course consistait à franchir le premier une ligne d'arrivée située à plusieurs mètres du vaste plan incliné d'où les voitures prenaient leur élan.

Je me pris à regretter plus tard d'avoir emmené Ben. Sa voiture arriva la dernière. Et les brefs instants de bonheur que les cousins et la course à venir lui avaient apportés se dissipèrent comme fumée au vent.

Quand nous revînmes à l'hôpital, Ben était déprimé. Ce dont il avait surtout besoin, c'était d'un ami.

Mais il était difficile à un petit garçon atteint du sida de se faire des amis. Même à l'hôpital, les parents des autres enfants malades avaient peur d'une contamination. Un jour, il descendit dans la cour un peu avant quatre heures, heure à laquelle il avait rendez-vous avec un autre jeune patient dont il avait fait la connaissance. Mais celui-ci ne vint pas. Ben l'attendit pendant une heure puis, comme le soir commençait à tomber, il rentra.

Puis un jour, un monsieur et une dame que nous n'avions jamais rencontrés rendirent visite à Ben. Ils appartenaient à une fondation philanthropique appelée « Faites-Un-Vœu » qui réalisait les derniers vœux d'enfants atteints de maladies incurables.

— Dis-nous ce qui te ferait le plus envie, Ben, le pria gentiment la dame.

— Une voiture de course électrique !

Mais les gens de la Fondation étaient habitués à exaucer des vœux beaucoup plus coûteux qu'un jouet de cinquante dollars. Ils me demandèrent discrètement si je ne pouvais pas suggérer à Ben quelque chose de plus conséquent, un voyage, par exemple. Mais Ben n'était pas en état de voyager. Pas maintenant. Je leur proposai d'emmener Ben dans un magasin de jouets, où il pourrait faire son choix.

Cette perspective remonta le moral de Ben. Il dressa une liste des jouets qu'il désirait. Mais quand j'y jetai un coup d'œil, je remarquai que presque tout était pour Beau et Aber.

Quand vint le jour d'aller au magasin, Ben refusa le fauteuil roulant qu'on lui proposait. Il voulait marcher à sa guise parmi les rayons.

Quand il eut fait son choix et que les jouets lui furent apportés à la caisse, je vis quelques pistolets comme les aimait Aber, un gant de base-ball et un robot qui plairaient à Beau, et une Jeep électrique dont Ben était particulièrement fier.

— Regarde, maman, elle a deux sièges ! Pour nous deux !

Les jours suivants furent difficiles pour lui. Il était trop faible pour faire tout ce qu'il aurait aimé faire, mais il souffrait trop pour regretter de ne pouvoir jouer comme il l'aurait voulu.

Ce fut à ce moment-là que Jaap Suermondt entra dans sa vie, dans nos vies, devrais-je dire.

Je rencontrai Jaap pour la première fois en rendant visite à Ben un après-midi. C'était un jeune étudiant en médecine qui s'était porté volontaire comme garde-malade à Stanford. Il était en train de lire tranquillement dans un coin de la chambre tandis que Ben regardait un dessin animé à la télé.

J'embrassai Ben et lui donnai Danny à tenir. Jaap, courtois, se leva — il était très grand et maigre —, me dit qu'il était hollandais et que son nom se prononçait « Yop ». Il faisait ses études à Stanford. Son père était pédiatre en Hollande, et Jaap était en terrain familier à l'hôpital des Enfants.

Je ressentis une sympathie immédiate pour ce

garçon. Il avait un léger accent et une politesse un peu guindée qui contrastait avec la brusquerie des manières américaines.

En bavardant avec lui, j'appris pourquoi je n'avais pas encore vu de volontaire auprès de Ben. Les étudiants qui préparaient leur internat pouvaient choisir les patients auxquels ils désiraient tenir compagnie, mais l'administration les encourageait à ne pas passer trop de temps auprès du même patient et à diversifier leurs rencontres. Jaap me raconta qu'ils avaient été informés que le petit garçon de la 205 avait le sida et qu'aucun des étudiants ne s'était porté volontaire pour visiter Ben. Aucun, sauf lui.

Il reconnut toutefois qu'il avait hésité au début, impressionné par les extraordinaires précautions que prenait le personnel soignant des personnes atteintes de sida. Son hésitation était compréhensible, mais il n'en était pas moins gêné de l'admettre.

Mais ses craintes s'étaient dissipées, me dit-il, quand il m'avait vue confier le petit Danny à Ben.

Ben avait commencé par se méfier de Jaap. Les internes de l'âge du Hollandais se montraient très curieux de son cas, mais aucun de tous ceux qui passaient le voir ne s'intéressait à autre chose qu'à sa maladie. Et Ben, qui désirait tant se faire de nouveaux amis, en avait conçu de la déception. Echaudé, il ne ferait plus le premier pas.

Ben mit Jaap à l'épreuve avant de lui accorder sa confiance.

— J'ai le sida, lui annonça-t-il d'emblée.

— Je sais, on me l'a dit, répondit Jaap. Comment te sens-tu en ce moment ?

— En ce moment ? Bien. Mais je vais mourir, tu sais.

— Ne parle pas comme ça !

— Pourquoi pas ?

— Il ne faut pas, c'est tout.

Ben changea de sujet.

Peu à peu, Ben se rapprocha de Jaap. L'hôpital ferma les yeux sur cette entorse aux consignes de distance entre volontaires et malades, et Jaap et Ben formèrent une équipe. On voyait rarement l'un sans l'autre dans les couloirs. Un grand blond dégingandé flanqué d'un petit garçon au visage un peu enflé et aux grands yeux marron.

Jaap venait chaque jour étudier ses cours dans la chambre de Ben. Parfois ils allaient se promener, s'arrêtant au passage au magasin de jouets ou louant une cassette vidéo qu'ils regarderaient en rentrant.

Beau eut sept ans au mois d'avril. Un dimanche. Quand j'entrai dans la chambre de Ben, ce jour-là, je le trouvai debout. Il ferma rapidement la porte derrière moi, avant que Beau et Aber puissent entrer.

— Maman, empêche Beau d'entrer, ou Aber, parce qu'il lui dirait, d'accord ?

Etonnée du ton pressant de Ben et de la lueur malicieuse de son regard, je me tournai et vis sur le lit une espèce d'arbalète en plastique.

— Qu'est-ce que c'est, cet instrument ?

— C'est l'arbalète de Rambo, me dit Ben. Une arbalète à eau. Et qui marche avec une pile !

— Eh bien, je n'ai jamais rien vu de semblable.

— C'est pour Beau, maman. Pour son anniversaire. Tu crois qu'il aimera ?

— S'il aimera ? Il sera fou de joie. Mais comment l'as-tu eue ?

— Grâce à l'infirmière. Celle qui a les clés de la réserve où ils rangent tous les jouets que les gens donnent à l'hôpital. Qu'est-ce que tu en penses ?

— Je pense que Beau sera très, très content, mon chéri.

Quand Beau eut enfin la permission d'entrer, il poussa un « Waouh ! » retentissant à la vue du jouet. C'était le plus beau compliment qu'il pouvait exprimer. Ben avait chargé l'engin, et il montra à Beau où appuyer pour faire gicler l'eau. La fenêtre était ouverte, et Beau visa le ciel. L'eau fusa, scintillant dans la vive lumière.

Nous l'acclamâmes.

— Beau tir, Beau ! cria Ben.

Et du bureau des infirmières, dans le couloir, nous parvint la voix du docteur Glader :

— Hé, Ben ! Un peu de calme, je te prie !

Nous nous regardâmes comme des enfants surpris à chahuter, puis Ben éclata de rire. Son rire avait changé. Il n'avait plus cette joie sauvage que je lui connaissais. Mais cela faisait longtemps que je ne l'avais pas entendu rire de cette façon.

Beau ne pouvait plus détacher les yeux de son arbalète.

— Merci, Ben, dit-il. J'ai jamais eu un cadeau aussi beau.

Il alla vers son frère et le serra dans ses bras.

Il y avait quelque chose de tout à fait particulier dans cette scène somme toute ordinaire. Nous étions heureux d'être ensemble malgré les circonstances. Peut-être Grant et moi avions-nous commis l'erreur au début de la maladie de Ben de faire comme si tout était comme avant, de ne rien changer à nos habitudes.

Or rien n'était plus comme avant. Et nous n'avions plus à nous conformer à nos habitudes. Il y avait une certaine liberté et presque un privilège à vivre chaque journée comme elle se présentait et à nous aimer plus ouvertement que nous ne l'avions jamais fait. Il n'y avait plus de contraintes, de réserves ou de tabous nous empêchant de nous comporter avec naturel et de laisser parler notre cœur.

La crise dont Ben avait été victime l'avait affaibli, mais elle ne l'avait pas affecté moralement. Nous ne pouvions pas en dire autant, Grant et moi.

J'avais le plus grand mal à trouver le sommeil. Je redoutais de m'endormir, je redoutais de me réveiller pour apprendre que Ben avait eu une nouvelle crise. J'avais peur de quitter sa chambre et, une fois dans le couloir, d'entendre cet horrible appel au haut-parleur : « Urgence à la 205 ! ».

Grant se remit au travail, mais il était trop

inquiet et trop isolé de nous pour être tout à fait à la hauteur de sa tâche. Je m'inquiétais à son sujet. Il avait très mauvaise mine. Quand Judie Lea le rencontra, un week-end qu'il était venu nous rendre visite, elle nous conseilla de prendre un peu de vacances, de changer d'air, ne fût-ce que deux ou trois jours.

Je savais qu'elle avait raison. Un peu de recul nous était nécessaire à tous les points de vue. Mais comment ? Quand ?

Puis ce fut Ben lui-même qui me dit un jour :

— Maman, est-ce que grand-père Ralph pourrait arranger ma voiture de course ? Pour qu'elle roule mieux ?

— On pourrait le lui demander, mais je ne pense pas que grand-père et grand-mère puissent venir, Ben. La route est longue de Los Angeles jusqu'ici, tu sais.

— Et si vous lui apportiez la voiture ?

— Et qui veillera sur toi ?

— Jaap. Jaap prendra soin de moi, hein, Jaap ? demanda-t-il en se tournant vers le jeune interne qui travaillait dans son coin.

— Bien sûr, Ben. Nous nous débrouillerons très bien tous les deux.

— Allez, maman, dit oui, me supplia Ben.

J'avais le sentiment qu'il savait lui aussi que nous avions besoin d'une pause, d'un changement.

— D'accord, je vais appeler grand-papa Ralph, dis-je.

Ralph avait élevé seul ses trois fils. Il avait été lui-même chef des scouts. Il saurait quoi faire. Si jamais quelqu'un pouvait accomplir des merveilles sur une petite voiture de course en bois, c'était bien lui.

— Apportez-moi l'engin, et je verrai ce que je peux faire, dit-il à Grant quand celui-ci lui téléphona pour lui expliquer la déception de Ben. Ça fait vingt ans que je n'ai pas touché à ces voitures. Mais, dans le temps, je me défendais bien dans ces courses du Bois de Pin. On essaiera de lui faire quelque chose qui roule.

Sur ce plan-là, je pouvais faire confiance à Ralph. Quant à ma mère, elle s'offrit sur-le-champ à s'occuper de Beau et d'Aber, pendant que Grant, Danny et moi irions à San Diego, pour passer deux ou trois jours à Torrey Pines, où Grant et moi avions connu de si bons moments sur le terrain de golf avant notre mariage.

Grant rejoua au golf pour la première fois depuis que Ben était tombé malade. Il se levait chaque matin à quatre heures afin d'être parmi les premiers sur le terrain public très fréquenté par les joueurs. Puis il rentrait et se recouchait jusqu'à ce que nous nous levions vers dix heures.

Après que Danny m'eut empêchée de dormir pendant deux nuits consécutives, Grant l'emmena avec lui dans la poussette afin que je puisse me reposer. Quand il revint, je remarquai un bout de tissu qui lui battait les fesses, un peu comme ces poissons d'avril que les enfants espiègles vous accrochent dans le dos le jour du 1er avril.

— Qu'est-ce que tu traînes derrière toi ? lui demandai-je.

Il tâta le fond de son pantalon et, malgré la pénombre de la pièce, je le vis rougir.

Il tenait à la main mon soutien-gorge.

— Non, je ne me suis pas promené avec ça accroché dans le dos ! s'exclama-t-il, stupéfait.

J'éclatai de rire.

— Je vois la tête que devaient faire tous les joueurs en te voyant avec ta poussette et un soutien-gorge sortant de ton pantalon ! Tu as dû en avoir, du succès !

Grant ne put se retenir de rire. Le fou rire finit par nous prendre et nous laissa épuisés, le ventre douloureux. Qu'est-ce que c'était bon de rire comme ça !

— Voilà ce qui arrive quand on se lève à quatre heures du matin et qu'on s'habille dans le noir ! dis-je.

— Oui, surtout quand tu laisses ton soutien-gorge sur la chaise où j'ai rangé mon pantalon, répliqua-t-il en m'embrassant entre deux éclats de rire.

Et soudain il nous sembla prendre conscience que nous nous retrouvions tous les deux dans le même endroit, dans le même lit, et que cela ne nous était pas arrivé depuis des lunes. Aucune tâche particulière ne nous attendait, et Danny, grâces lui soient rendues, dormait à petits poings fermés.

Je compris durant ces quelques jours de vacances combien nous avions eu raison de prendre ce repos. Mais nous étions maintenant tous deux impatients de rentrer et de revoir notre petit garçon. Il ne restait plus qu'à passer prendre Beau et Aber.

Ils coururent au-devant de nous quand notre van blanc apparut dans l'allée, et quatre petits bras me sautèrent au cou sitôt que je mis le pied à terre.

Tandis que je jouais avec Beau et Aber et bavardais avec maman, Grant et Ralph s'en furent perfectionner la voiture de Ben.

Ils commencèrent par poncer avec un papier de verre extra-fin l'axe et les roues. Puis Ralph trouva un moyen d'éviter le frottement des roues contre le corps de la voiture quand celle-ci roulait.

Ralph fit appel à toute son expérience de ce genre de compétition quand il était chef de scouts. Il creusa une cavité sous le ventre de la voiture et, avec l'aide de Grant, y coula du plomb jusqu'à la limite du poids légal, soit deux kilos et demi. Il reboucha la cavité avec une pièce de bois, et ils procédèrent aux premiers essais.

Beau, Aber, maman et moi, nous nous rendîmes à l'atelier pour y assister. Ralph avait installé une large planche inclinée, semblable à la rampe de lancement sur laquelle se donnerait le départ de la course. Il posa la voiture en haut de la planche et la laissa dévaler. Le petit engin de bois verni prit son élan et fila à travers l'atelier pour s'en aller heurter le mur du fond.

— Ça alors ! s'exclama Beau, d'autant plus étonné de cette performance qu'il avait été témoin des premiers essais.

Ralph respira profondément. Il n'était pas mécontent de son travail.

Ce fut un choc pour nous de retourner à l'hôpital et de revoir les choses avec un regard neuf. Naturellement, rien n'avait changé, mais ce que nous découvrions nous semblait plus triste, dans la mesure où nous venions de passer quelques jours de simple bonheur.

Ben était ravi du travail de grand-papa Ralph sur sa voiture. Elle roulait merveilleusement bien, maintenant. Je dis aux infirmières que nous comptions partir samedi à midi au plus tard, afin d'avoir le temps de passer chez nous, de préparer Ben et de partir pour la course qui commençait à sept heures du soir. Grant devait venir à l'hôpital vendredi dans la soirée, dès qu'il aurait terminé son travail.

Mais à onze heures du soir, ce vendredi, il n'était pas encore arrivé. Un peu plus tard, le téléphone sonna dans ma chambre au foyer Ronald McDonald.

C'était Grant. Sa voix était étrangement tendue.

— Je ne voulais pas que tu t'inquiètes, Chris, me dit-il. Mais ça va, maintenant.

J'étais folle d'inquiétude.

— Grant, que s'est-il passé ? Où es-tu ?

— Je suis à Carmel. Je crois que j'ai eu une petite crise cardiaque alors que j'étais en train de finir la cuisine des Guzman.

— *Quoi* ?

Il me raconta qu'il venait de poser le carrelage dans la cuisine et qu'il s'apprêtait à ôter l'excès d'enduit entre les joints quand il s'était souvenu qu'il lui manquait une pièce pour l'évier. Il avait donc posé ses outils et couru au magasin. Sur le chemin du retour, il avait mangé une barre de chocolat car il avait le ventre vide depuis le matin et s'était ensuite remis dare-dare au travail, car l'enduit avait séché, rendant le travail plus difficile.

— Et ça m'a pris brusquement, me dit-il. J'ai senti une douleur dans le bras, je n'arrivais plus à respirer, et j'ai failli tomber.

— Tu as appelé un médecin ?

— J'attends le docteur Rasband. Je te rappellerai dès qu'il arrivera. Je ne voulais pas t'inquiéter.

Pas m'inquiéter ?

J'étais figée de peur. Je restai allongée dans mon lit dans le noir à imaginer le pire, parce que je savais que le pire pouvait arriver. Grant avait trente et un ans. Mais beaucoup d'hommes de son âge meurent de crises cardiaques sous l'effet du surmenage. Et Grant avait travaillé comme un fou dans des conditions particulièrement éprouvantes.

Non, rien ne pouvait survenir à Grant. Je l'aimais trop. J'avais trop besoin de lui. Il était mon soutien, la seule personne sur laquelle je pouvais m'appuyer dans notre épreuve. Qu'adviendrait-il de nous, s'il tombait malade ? Que ferions-nous sans lui ?

J'attendis dans l'angoisse que le téléphone

sonne. J'attendis qu'il me rappelle pour me dire que tout allait bien.

Quand le téléphone sonna enfin, les nouvelles étaient tout de même rassurantes. Le docteur Rasband l'avait ausculté et n'avait décelé aucune séquelle pouvant faire redouter une nouvelle crise. Grant avait échappé au pire. Le docteur conseilla à Grant de prendre du repos. Je finis par m'endormir. J'étais tout de même inquiète. Il nous faudrait trouver le moyen de soulager Grant de ce stress. Mais je ne voyais pas comment.

J'avais besoin de le voir. J'avais besoin de vérifier qu'il allait aussi bien qu'il le prétendait. Je savais qu'il avait subi une très forte tension entre Ben et son travail, entre sa douleur et ses responsabilités, mais j'étais moi-même tellement prise dans le tourbillon de ces événements que je n'avais peut-être pas voulu mesurer toute la dureté de la tâche de Grant. J'avais toujours eu besoin de sa présence. Je ne pouvais imaginer qu'il lui arrive quoi que ce fût.

Quand il arriva le lendemain matin, je fus tellement heureuse de le revoir ! Je le tins serré contre moi sans rien dire pendant un moment. Puis je le regardai attentivement, cherchant le signe qui m'assurerait qu'il allait bien. Il en avait l'air. Grant était un bel homme à l'allure sportive et saine. Son corps était resté celui d'un athlète et son visage avait gardé une étonnante jeunesse.

— Tu es sûr que ça va ? demandai-je.

— Le docteur a dit que oui. Je me sens bien, sincèrement.

— Tu me le dirais, hein, si ça n'allait pas ?

— Bien sûr. Tu sais bien que oui. C'est la tension, voilà tout. Allez, ne traînons pas. La journée est chargée.

Sur ce, il parut chasser de son esprit l'incident de la nuit, comme une chose tout à fait bénigne. Ça l'était peut-être. Il était possible que je m'inquiète outre mesure. Si Grant me disait qu'il allait bien, ce devait être vrai. Je ne voulais qu'une chose : le croire.

Nous nous hâtâmes de charger le van et de préparer Ben à quitter l'hôpital pour qu'il puisse participer à la course.

Quitter l'hôpital avait toujours été pour nous une espèce de triomphe. Cette fois, nous étions particulièrement contents de rentrer chez nous. Ben avait besoin de soins constants, à présent, mais le service de soins à domicile qui s'était occupé de lui quelque temps plus tôt avait malheureusement fait faillite. Il avait fallu trois semaines et beaucoup d'efforts de la part de l'hôpital pour nous aider à retrouver une équipe qui prendrait soin de lui.

Le départ ne fut pas chose facile. Il y avait tant de médicaments et de matériel à emporter avec nous que nous partîmes avec beaucoup de retard. Il était six heures du soir quand nous arrivâmes à la maison. Ben était fatigué, et il demanda à se reposer. La course commençait à sept heures.

Beau m'accompagna quand j'allai réveiller Ben à sept heures moins le quart. Mais Ben fut incapable de se lever du lit.

— Je n'y arrive pas, maman, murmura-t-il.

Beau savait combien Ben avait attendu cette course. Il savait que cela lui ferait mal au cœur de manquer ça. Par ailleurs, Beau et Aber aussi avaient eux-mêmes attendu l'événement, impatients d'encourager leur grand frère.

— Ben, et si je participais à ta place ? demanda Beau.

— Ce serait super, Beau...

Sur ces dernières paroles, Ben se rendormit.

Je restai donc à la maison pendant que Grant et Aber allaient voir Beau se mesurer à tous ses concurrents bien plus âgés que lui. Ils arrivèrent en retard, et Beau manqua les épreuves éliminatoires, ce qui l'obligea à concourir avec le vainqueur du groupe de Ben.

Beau aligna la voiture de Ben au sommet de la rampe à côté de celle de l'autre garçon, et ensemble ils lâchèrent leurs bolides pour voir qui atteindrait le premier la ligne d'arrivée.

La voiture de Ben gagna avec plusieurs longueurs d'avance. Puis Beau l'engagea contre le vainqueur de la section des seniors.

Beau remporta le grand prix. Ou plutôt, comme il le dit lui-même, Ben gagna.

— Tu as gagné, Ben ! Tu as gagné, annonça Beau à peine la porte franchie. Tu as gagné toutes les courses !

8

« *Papa a cassé le berceau !* »

Je ne sais pas, de Ben ou de Beau, qui triompha le plus de ce succès de la course du Bois de Pin. Des semaines plus tard, tous deux en parlaient encore. Ben ne se lassait jamais d'un récit qui lui était source de joie. Cette victoire lui était d'autant plus chère qu'elle survenait dans un véritable désert de satisfactions.

Pour Beau, cette victoire signifiait qu'il avait pu faire quelque chose pour Ben, quelque chose que Ben n'avait pas pu faire lui-même, enfin quelque chose qui forçait le respect de Ben. Les benjamins n'ont pas souvent l'occasion de briller devant leurs aînés. Aussi Beau était-il fier de lui et heureux de l'estime de Ben.

Cette course était bien tombée. Je savais dans mon cœur que cette expérience resterait à jamais gravée dans leurs mémoires. Cette victoire était leur œuvre à tous deux. Elle les liait plus sûrement que leur lien fraternel. Et celui-ci s'était affirmé en elle.

Je ne me souviens pas très bien des semaines qui suivirent, si ce n'est que les douleurs de Ben empirèrent.

Mais je me souviens du 2 mai. Cette nuit-là, Ben eut une deuxième crise d'épilepsie.

Cette fois, je me trouvais là. La crise se déclara à onze heures du soir, juste à la relève des infirmières. Elles furent donc deux à intervenir. Elles lui administrèrent cette potion que j'avais accrochée au mur, comme je l'avais vu faire à l'hôpital, tandis que Grant et moi nous nous efforcions de maintenir Ben.

Pour moi, cette crise était plus terrible que la première. Non pas parce que les convulsions étaient plus fortes — elles l'étaient moins —, mais parce que Ben était éveillé quand la crise avait commencé. Cette fois, il se souviendrait de ce qui s'était passé. Et je savais qu'il aurait peur.

Je m'assis au bord de son lit cette nuit-là, sans pouvoir détacher mon regard de son visage endormi.

Cela faisait presque un an maintenant que Ben avait été déclaré atteint du sida. Cinquante et une semaines de vomissements, de diarrhées, de toux, d'infections et de douleurs qui avaient ravagé son corps. Je l'avais vu subir ce calvaire sans une plainte.

Combien de temps pourrait-il tenir ? Combien de « symptômes » fallait-il pour que le seuil de tolérance soit dépassé ?

Je me rappelais le pronostic médical : « Quatre-vingt pour cent des malades meurent dans l'année. »

J'étais bouleversée, confuse. Je ne désirais que deux choses : que Ben vive, et en même temps qu'il ne souffre plus.

Il me semblait qu'il n'était plus possible d'avoir les deux.

Quand nous ramenâmes Ben à l'hôpital le lendemain, il fut placé sous morphine. A présent il était tellement drogué qu'il nous reconnaissait à peine. Nous nous efforcions de lui parler, mais il dodelinait de la tête et fermait les yeux.

Une infirmière nous assura que tout se passait bien, qu'il leur suffisait de veiller à ce qu'il garde sa conscience, mais ce n'était pas notre sentiment. Ben nageait dans une espèce de stupeur narcotique et il était incapable d'articuler un mot.

Le troisième jour de ce traitement morphinique, Grant et moi, nous essayâmes de le réveiller.

— Ben ? Ben ? Peux-tu comprendre quand on te parle ? demanda Grant.

— Ouiii... répondit Ben d'une voix presque inaudible.

— Benny, mon chéri, écoute-moi, dis-je. Est-ce que tu veux voir Danny et jouer avec Beau et Aber ?

Il ne me répondit pas.

— Tu ne veux pas continuer à vivre comme ça, n'est-ce pas ?

— Je... vais... bien... marmonna-t-il.

C'était inutile d'insister.

Pour la première fois, Grant et moi étions en désaccord avec la méthode de l'hôpital. Pensaient-ils que c'était la meilleure façon pour

Ben de passer les derniers temps qu'il lui restait à vivre ? Que Ben fût appelé à vivre deux jours ou deux ans de plus, il avait le droit de les vivre les yeux ouverts.

Finalement nous consultâmes le médecin qui s'occupait de Ben pour lui demander de trouver un autre moyen de soulager ses souffrances. Il se montra surpris par notre requête. Ben ne souffrait plus, nous dit-il, et n'était-ce pas l'essentiel ? Nous lui expliquâmes que la morphine ne faisait pas que supprimer les douleurs, elle supprimait toute vie en lui. Notre fils n'existait quasiment plus. Il nous promit de consulter ses confrères afin de trouver un compromis quelconque.

A la suite de quoi, il fut convenu de donner à Ben un dérivé de la morphine qui lui permettrait d'être plus alerte tout en allégeant ses douleurs. Mais ce serait à Ben de communiquer ses besoins aux infirmières. Si la souffrance persistait, il pourrait demander qu'on augmente la dose. De cette façon, il leur serait plus facile de contrôler ses douleurs.

Cette nuit-là, les infirmières cessèrent d'administrer de la morphine à Ben. Grant passa lui dire bonsoir. Il devait retourner à Carmel. Je ne pouvais décidément pas me faire à ces départs incessants. J'avais de plus en plus de mal à l'accompagner à sa voiture et à le regarder s'éloigner dans la nuit.

Quand je regagnai le foyer Ronald McDonald, je trouvai un mot sur mon oreiller. Signé Grant.

Chère Chris,

Juste un mot pour te dire que je t'adore. Je veux que tu saches combien tu m'as manqué durant toutes ces semaines et tous ces mois. Surtout quand je me retrouvais seul à la maison. Il n'y a rien là-bas qui ne porte ta marque. Je vois les fleurs que tu as plantées, et le choix des couleurs à l'intérieur est le tien. Tu as fait de notre maison un lieu de beauté et de bonheur.

Ça me manque de ne pas voir ton beau visage. Je n'ai pas cessé de penser à toi, et je prie pour que nous soyons tous réunis de nouveau.

Amour, G.O.

Cette fois, ce fut de joie que je pleurai, et puis je m'endormis.

Je m'éveillai le lendemain matin avec une nouvelle détermination. J'allais sortir Ben de son lit. Pas seulement de son lit mais de sa chambre. Au soleil, à l'air. Peut-être qu'alors le brouillard qui l'enveloppait depuis quelques jours se dissiperait.

C'était une agréable journée de printemps, et nous pouvions entendre les oiseaux dans les frondaisons, tandis que nous étions assis tous les deux sur un banc dans le jardin de l'hôpital.

— J'ai peur d'avoir mal, maman, dit-il soudain.

— Veux-tu que j'aille te chercher une dose de calmant ?

— Non, je parlais de... quand je mourrai, maman.

Je regardai Ben, et mon cœur se serra. Je lisais une totale acceptation sur son visage. Ni peur, ni refus, ni confusion. Simplement cette certitude : je sais que cela va m'arriver, et je sais que je peux le faire, que je suis prêt. J'ai seulement besoin d'un peu d'aide.

J'avais envie de lui dire qu'il se trompait, qu'il n'allait pas mourir. Mais je ne le pouvais pas, parce que je lui aurais menti. Ben attendait de moi que je sois sincère envers lui, et que je n'aie pas peur.

— As-tu peur de mourir, Ben ?

Il secoua la tête.

— Non, maman, j'ai seulement peur que ça me fasse mal.

— Ça, je le comprends, Benny, après tout ce que tu as enduré. Mais ça ne te fera pas mal, je te l'assure. Si jamais tu éprouvais des douleurs, on te donnerait un médicament qui les calmerait. Et puis le Saint-Esprit sera là pour t'aider. Nous lui demanderons de veiller spécialement sur toi, d'accord ?

Il acquiesça d'un hochement de tête, mais je sentais que ses craintes n'étaient pas entièrement dissipées.

— Est-ce que tu as mal en ce moment ?

— Juste un peu. Ça peut aller.

— Selon une échelle de un à dix, dix étant la plus forte douleur, à combien estimes-tu ta douleur présente ?

Il réfléchit un instant.

— Je dirais deux, pas plus.

— J'ai parlé avec les infirmières, tu sais. Elles

m'ont dit que si tu pouvais leur indiquer le degré de tes douleurs, de un à dix, elles te donneraient alors la mesure exacte de médicament qu'il te faudrait pour ne plus avoir mal. Qu'est-ce que tu en penses ?

— D'accord, maman.

— Oh ! Benny, j'aimerais prendre ta place ! Je l'ai souhaité tant de fois. Tu serais enfin libéré de toutes ces misères.

— Je sais, maman, mais je ne te laisserais pas faire une chose pareille.

Je le regardai. Je m'efforçais de retenir mes larmes. Je voulais tellement me montrer courageuse devant Ben. Et c'était lui qui me donnait une leçon de courage.

Puis Ben me demanda une faveur, une faveur qui, je me rendis compte plus tard, était plus à mon bénéfice qu'au sien.

— Tu voudrais bien me bercer comme quand j'étais petit ?

Il passa ses bras autour de mon cou, et je le pris dans mes bras.

Je ne sais pas combien de temps nous sommes restés ainsi sur ce banc, à nous balancer doucement.

Je me souviens de la joie et de la chaleur que je ressentais en tenant mon fils dans mes bras. Je pensais aux heures où je l'avais bercé quand il était bébé. Mon premier-né. J'aurais aimé que ce moment dure toujours.

Au début de juin, Grant eut une nouvelle attaque. Il eut la sensation d'étouffer, les battements de son cœur s'accélérèrent et il manqua perdre connaissance. Il se retrouva en salle des urgences à l'hôpital.

Le médecin qui le traita confirma le diagnostic initial du docteur Rasband. Grant était victime du « stress ». Il lui suggéra de consulter un psychologue, de réduire ses heures de travail et d'essayer de se détendre.

Cette fois je commençai à m'inquiéter sérieusement. Grant avait trop minimisé le premier incident. Il avait manifestement un problème de santé, et je ne savais pas quoi faire. Je me sentais une fois de plus impuissante à agir efficacement.

Quel moyen avait-il d'éliminer les causes de stress de sa vie ? Comment n'aurait-il pas été sous tension avec un fils mourant, une famille à nourrir ?

Je le pressai de s'arrêter de travailler pendant un moment. Nous nous arrangerions, lui assurai-je. Il consentit à réduire ses heures de travail. Les soins hospitaliers et les chantiers qu'il avait en cours ne lui permettaient pas davantage. Il me promit également de prendre un calmant au premier signe de malaise et de s'accorder du repos.

Auparavant, Grant et moi nous étions toujours soutenus l'un l'autre. Nous partagions les tâches et nous nous encouragions mutuellement. Que l'un de nous connût un passage à vide, l'autre était fort pour deux.

Mais nous n'avions plus de force, plus rien ni personne sur qui nous appuyer. La maladie de

Ben et la poursuite d'un combat perdu d'avance nous avaient vidés de toute énergie. Nous nous retrouvions isolés l'un de l'autre. Grant savait que je ne pouvais me charger de ses problèmes, et je connaissais assez les siens pour ne rien lui demander.

Afin de lui épargner toute tension supplémentaire, je me mis à cacher à Grant mes difficultés quotidiennes. L'inquiétude de Beau à l'idée de perdre Ben, ses disputes avec Aber, les menus problèmes domestiques.

Beau exigeait que je lui tienne compagnie, que je lui parle, et il en manifestait parfois le désir juste au moment où j'étais épuisée ou avais déjà bien du mal à coucher Danny et à calmer Aber. Une nuit, je venais de bercer Danny jusqu'à ce qu'il s'endorme quand Aber se mit à sauter de lit en lit. Je n'avais pas fermé l'œil de la nuit, la veille, et Beau remarqua que j'étais à bout de nerfs.

Il arrêta Aber et l'entraîna avec lui sous les couvertures.

— Je suis fatigué, Aber, lui dit-il. Viens dormir.

— Moi aussi, je suis fatigué, parodia Aber. Viens dormir, maman.

— Bonne nuit, les enfants.

J'étais reconnaissante à Beau de son intervention, bien que cette soudaine fatigue de Beau me parût suspecte.

J'étais sur le point de m'endormir quand j'entendis Beau me souffler à l'oreille :

— On a bien eu Aber, hein, maman ?

Je ne pus m'empêcher de rire.

— Oui, Beau. Et merci d'avoir pensé à moi. C'est toi le grand frère pour Aber, maintenant. Bonne nuit.

Le silence qui suivit ne dura que quelques secondes.

— Maman ?

— Oui ?

— Aber a peur, maman.

— Il a peur de quoi ?

Je pouvais entendre Beau renifler dans le noir. Il s'efforçait de dissimuler qu'il pleurait. Je me penchai vers son lit et lui pris la main. Beau était un garçon qui, sous ses dehors de solidité et des manières de casse-cou, cachait une grande sensibilité.

— Tu peux pleurer, Beau. Moi aussi, je pleure. Nous ne savons pas ce qui arrivera à Ben. Mais tu te souviens de ce que nous avons dit la dernière fois ? Qu'on ne devait pas avoir peur de la mort ? Parce qu'on se retrouvera tous ensemble au paradis, un jour ou l'autre ?

— Oui, je m'en souviens. Mais, maman, je ne veux pas que Ben meure. Je ne veux pas. Je veux qu'il reste avec nous, tout le temps.

— Je sais, mon chéri. Je sais.

Ce ne fut pas avant le mois de juin que le nouveau service de soins à domicile nous permit d'installer Ben à la maison. La liste de tous les produits et médicaments qu'il lui fallait prendre tenait maintenant sur près de trois feuillets.

Nous invitâmes Jaap à passer quelques jours chez nous avant qu'il reparte en Hollande y passer l'été.

Durant sa visite, Ben montra à Jaap ses coins préférés dans Carmel. Le manège d'*Oscar Hossenfelder*, le toboggan du jardin public, qu'il tint absolument à faire essayer à Jaap, la colline où il avait fait du vélo avec Beau, les bulbes de jacinthes qui avaient produit maintenant de longues tiges vertes.

— J'espère qu'on se reverra, dit Jaap à Ben, quand nous l'accompagnâmes à l'aéroport.

C'était la première fois que Jaap émettait l'éventualité que Ben ne serait peut-être plus là à son retour.

— Ouais, à bientôt, dit Ben d'une voix assurée.

La solidité de notre mariage était peut-être ce qui nous avait soutenus le plus, Grant et moi. Grant avait toujours été une source de réconfort pour moi. Je m'étais toujours appuyée sur lui. Et soudain, il me semblait qu'il avait disparu.

Dès qu'il se sentait menacé par l'une de ses crises de stress, il prenait un calmant et s'allongeait en attendant que ça passe. Et cela me terrifiait à chaque fois que je le voyais qui commençait à haleter, comme si l'air lui manquait soudain.

Comme je l'ai dit, je ne voulais pas lui soumettre mes propres problèmes, afin de ne pas ajouter des tensions à une vie qui en était déjà saturée. Mais j'avais besoin de lui, maintenant. Moi aussi, je ressentais un terrible stress, et je ne pouvais pas, comme lui, prendre un sédatif et me coucher. Je devais poursuivre. Or, ce qui m'avait toujours motivée dans mon effort de continuer ma tâche de femme et de mère, c'était précisément la conscience d'avoir Grant à mes côtés. A présent, je n'avais plus aucun soutien. Grant n'était plus là pour me dire que tout allait bien, qu'il était à mes côtés. Il n'était plus là pour me rassurer.

J'en éprouvais du ressentiment, mais je ne pouvais lui en parler, de peur de provoquer une nouvelle crise. Aussi commençai-je à m'isoler. Je me mis à penser que nos vies suivaient désormais deux cours parallèles. Ce sentiment m'était d'autant plus insupportable que nous n'avions jamais été comme cela. Il n'y avait rien que nous ne puissions alors discuter ensemble.

Je n'aimais pas la tournure que prenait notre couple. Je détestais la distance qui s'instaurait insidieusement entre nous. J'avais lu quelque part que bien des couples se séparaient à la mort de leur enfant, car ni l'un ni l'autre ne savait assumer en commun ses chagrins. Cela ne pouvait tout de même pas nous arriver. Pas à nous. Nous nous étions mariés pour la vie. Quels que fussent les problèmes, ils étaient nos problèmes. Pas ceux de Grant ou les miens, mais les nôtres. Nous devions une fois de plus lutter ensemble.

Un soir que je rentrais à la maison avec Danny, Beau et Aber m'accueillirent en larmes.

— Papa a cassé le berceau ! m'annonça Aber avec émoi.

Ils m'entraînèrent dans la maison et me montrèrent le berceau de Danny. Il y avait un trou de la taille d'un poing dans la tête du lit, juste au-dessus des agneaux que j'avais repeints. Je sentis mon ventre se nouer. Je ne comprenais pas ce qui avait pu se passer. Grant avait fait cela ? Grant Oyler ? Cela ne lui ressemblait pas. Jamais je ne l'avais vu faire preuve de violence.

J'essayai de calmer les enfants. Je leur dis que papa était fatigué, qu'il avait trop travaillé tous ces temps derniers. Quand ils se furent calmés et qu'ils se remirent à jouer, je couchai Danny et gagnai notre chambre. Grant était assis au bord du lit, la tête entre les mains.

— Grant, que s'est-il passé ?

— Je ne sais pas.

— Tu ne sais pas comment tu as cassé ce berceau ?

— Comment, je le sais. C'est pourquoi je l'ai fait que je ne sais pas. Les garçons se chamaillaient et je... je me suis énervé et j'ai cogné dans le berceau. Parce que c'est la première chose qui me soit tombée sous la main. Je suis désolé. J'ai terriblement honte. On ne pourrait pas poser un petit nuage en laine sur le trou ?

La petite scène peinte sur la tête de lit était si petite, si précieuse ! Je me représentai un énorme nuage suspendu au-dessus des agneaux. Cette idée était saugrenue. En même temps elle était tout à fait dans la manière de Grant. Un petit camouflage et puis on n'y penserait plus.

— Peu importe le berceau, Grant. Ce qui est fait est fait. C'est à ton sujet que je m'inquiète. Nous avons besoin de toi, Grant. J'ai besoin de toi. Plus que jamais. Et je ne peux plus compter sur toi depuis pas mal de temps. Je n'ose même pas te demander de me parler.

— De toute façon, comment pourrais-je te parler ? Tu es tout le temps en colère après moi.

— Ne penses-tu pas que j'ai des raisons d'être en colère quand tout me tombe sur le dos et que je me retrouve seule pour m'occuper de Ben, des garçons, du bébé, de la maison ? Tu n'as jamais agi de cette façon, Grant. Tu as toujours été là quand j'avais besoin de toi.

— Tout le monde a besoin de moi. Tu ne comprends pas ça, Chris ? Tout le monde compte sur moi, et je laisse tomber tout le monde. Quand je travaille, je me sens coupable de ne pas être avec toi et Ben. Je voudrais être auprès de vous, mais je ne le peux pas. Et quand arrive le week-end, et que je suis avec vous, je me sens coupable, car il faudrait que je travaille pour rattraper mon retard. Je n'arrive jamais à finir à temps mes chantiers, et les gens râlent.

» Je laisse tomber tout le monde. Toi. Ben. Beau et Aber. Mes clients. Tout le monde. Je n'arrive jamais à être là où je devrais être. Je n'y arrive plus.

» C'est vrai, j'ai toujours répondu présent à chaque ~~fois que~~ tu avais besoin de moi. Mais maintenant, c'est moi qui ai besoin de toi, et tu n'es pas là. Pourquoi tu ne pourrais pas être là, toi aussi... quand j'ai besoin de toi ?

Grant n'avait pas tort, et ses paroles me faisaient mal. J'étais injuste, je manquais de compréhension. Mais Grant ? Avait-il autant besoin de mon soutien moral que j'avais besoin du sien ? Il avait toujours été le plus solide de nous deux.

— Je voulais t'aider, Grant. J'ai essayé de te parler. J'ai essayé de te faire voir les choses en face. Je voulais que tu fasses ce que le docteur t'avait recommandé. Que tu travailles moins, que tu consultes un psychologue. Tu ne me parlais pas de tes problèmes. Tu prétendais que ce n'était rien, que ça passerait. Eh bien, ce n'est pas le cas. Et j'espère que tu t'en rends compte enfin.

Grant leva vers moi des yeux emplis de larmes.

— Je suis désolée, dis-je. Mais qu'est-ce qui te fait croire que je n'aurais plus rien à donner ? Ben est en train de mourir, j'ai deux autres petits garçons et un bébé à élever. Ça fait beaucoup. Et ce qui me fait enrager, c'est le fait que tu ne veuilles pas affronter tes problèmes, que tu n'essaies pas de te soigner.

— Me soigner ? Le docteur m'a recommandé de prendre ces pilules à chaque fois que je me sentirais mal. C'est ce que je fais. Qu'est-ce qu'un psychologue pourrait bien me dire ? De ne plus penser à mon fils qui est en train de mourir ? C'est ça qu'il me conseillerait ? Ben va mourir, et je ne peux rien faire ! Qu'est-ce que tu penses que ça me fait ? A ton avis ? Pendant toute ma vie, j'ai vu mon père s'occuper de nous. Pour tout. Il était là, et il réglait nos problèmes, quels qu'ils soient. Et quand mon fils a besoin de moi, je ne peux rien pour lui. Rien.

Il serra le poing et se frappa le genou, puis il me regarda, se pencha vers moi, me prit dans ses bras et éclata en sanglots contre ma poitrine.

— Quelle que soit notre douleur, Grant, nous ne pouvons pas, nous n'avons pas le droit de nous faire du mal. Ben a besoin de nous, de nous deux. Nous devons tenir bon, nous devons être là pour lui, comme nous devons être là pour nous.

Ce jour-là, Grant cessa de croire en un miracle pour Ben. C'était cette croyance qui l'avait soutenu durant tout ce temps passé seul, loin de moi et des enfants. J'avais personnellement abandonné cet espoir depuis pas mal de temps. Cela ne voulait pas dire que la foi de Grant était plus grande que la mienne. Et je ne me prétendais pas plus réaliste que lui.

Nous n'étions que deux personnes aimant le même petit garçon, nous efforçant de tout faire pour lui, chacun selon son caractère, ses moyens. Ben allait mourir, et il était temps de taire nos propres souffrances, temps de reporter toute notre attention à notre fils. Un voyage attendait Ben. Un voyage qui nous attendait tous un jour ou l'autre, mais qu'il serait le premier d'entre nous à faire.

9

« Ils voient une lumière »

Je sortais de la douche, le lendemain matin, quand j'entendis Beau et Aber, qui jouaient dans le jardin, encourager Ben.

— Allez, Ben !

— Tu vas y arriver, Ben !

J'essuyai la buée de la fenêtre de la salle de bains et vis Ben, flottant dans son jean trop grand, une batte de base-ball à la main.

Grant s'était placé à quelques mètres de lui pour lui lancer la balle. Mais ses lancers avaient beau être les plus lents possible, Ben manquait invariablement sa frappe. Grant ne se décourageait pas. Il allait ramasser la balle, revenait à sa position et recommençait tout en encourageant Ben.

— C'est ça, Ben. Tiens ta batte à hauteur de ton épaule. Tu es sûr que tu n'es pas trop fatigué ? D'accord. Pivote bien sur tes hanches quand tu frappes. Allez, tu peux y arriver.

Cela me serra le cœur de voir Grant et Ben jouer ensemble sous les regards de nos deux autres garçons. Ce père qui savait que son fils allait mourir et qui s'efforçait de le distraire, de l'initier à un jeu auquel il ne pourrait jamais jouer...

Je me souvenais de ce marché que nous avions conclu entre nous lors de cette fameuse promenade sur le terrain de golf : j'élèverais les enfants jusqu'à ce qu'ils aient atteint l'âge de douze ans, puis ce serait à Grant de prendre le relais. Grant n'en aurait jamais l'occasion avec Ben.

Ben aurait commencé à jouer au golf chez les minimes cette année, mais Grant n'aurait jamais la chance de voir son fils aîné remporter son premier championnat. Il ne saurait jamais si son fils serait capable de le battre un jour sur le terrain.

Non, il ne pourrait guider Ben à travers son adolescence, l'applaudir quand il obtiendrait son baccalauréat, ni le connaître quand il serait devenu un homme.

« A quoi aurais-tu ressemblé, Ben, en grandissant ?

» Quand tu étais bébé, je te voyais collégien, revenant à la maison pour les vacances de Noël. Tu remontais l'allée en deux ou trois enjambées, laissais choir ton sac devant la porte et me serrais dans tes bras. Et je t'écoutais me raconter ta vie au collège, me parler de tes goûts, de tes ambitions, de tes nouveaux amis. »

Je me figurais même ce que je ressentirais, ce mélange de fierté et de nostalgie, face à un enfant devenu un homme.

« Mais Ben est toujours ici, parmi nous. Je le vois de ma fenêtre. »

Soudain, j'entendis un bruit. Un bruit familier. Celui d'une batte de base-ball frappant la balle. Je regardai juste à temps pour voir celle-ci partir dans les airs sous les acclamations de Grant et des garçons.

Ben souriait, triomphant.

— Tu as réussi, Ben ! s'écria Grant.

— Ouais, un coup super ! ajouta Beau.

Grant vivait encore plus difficilement que moi l'idée que Ben mourrait bientôt. Aussi courte aurait été sa vie, j'avais passé tout mon temps aux côtés de mon garçon. Nous ne nous étions pratiquement jamais quittés. Ce n'était pas le cas de Grant, pris par son travail. Aussi en éprouvait-il une grande frustration.

Quand il se décida enfin à aller voir une psychologue, elle lui suggéra de suivre une méthode de relaxation. Il devait fermer les yeux et imaginer qu'il se trouvait dans un endroit paisible et beau. La première image qui lui vint, me raconta-t-il, fut celle d'une prairie dans les High Sierras, où il avait campé avec ses parents des années plus tôt. Puis il pensa à son grand-père, à sa grand-mère et à d'autres qu'il avait aimés et qui étaient morts à présent. Et il les avait vus revenir vers lui, s'asseoir à ses côtés dans l'herbe verte de cette prairie.

Ce petit exercice fit plus que détendre momentanément Grant. Il lui fit entrevoir que Ben ne serait pas seul, là où il irait. Il y trouverait bien des gens qui l'aimaient et qui sauraient le guider, une fois qu'il aurait franchi le seuil de cette vie.

Il y avait des fois où je pensais que la mort de Ben était une chose particulièrement difficile à admettre pour Beau.

Beau était trop jeune pour comprendre que la mort faisait partie de la vie, et trop grand pour ne pas réaliser ce que Ben endurait, et il sentait que son frère allait disparaître. Beau n'avait jamais connu de vie sans Ben. Il n'avait pas de passé qui ne fût lié à la présence de son aîné. Il ne pouvait imaginer ce que pourrait être la vie sans Ben. Que ce fût pour un conseil ou arbitrer une dispute entre Aber et lui, ou simplement jouer ensemble.

Ben n'était pas seulement le meilleur ami de Beau, il était aussi son grand frère, son idéal. Je ne pense pas que Beau ait été à cette époque capable de séparer Ben de sa position de frère aîné. Les deux ne faisaient qu'un pour lui.

Grant et moi, nous fûmes peut-être témoins de cet instant où Beau comprit qu'il allait perdre son grand frère. Cela se passa un après-midi où ils jouaient avec ces jeux de construction en plastique modulables à volonté en robots, en voitures ou en avions.

Une petite dispute éclata entre eux.

— Celui-là, c'est à moi, déclara Ben.

— Non, c'est le mien, répliqua Beau.

— Non, le Gobot est à moi. Toi, tu as l'Autobot, affirma Ben.

Et il se leva pour prendre ce qu'il estimait être à lui. Mais comme il tendait la main vers le jouet, il réalisa qu'il n'était plus aussi grand que Beau, et bien moins fort que lui.

Et je pense que Beau comprit la même chose au même moment. Ben était plus âgé, mais Beau était le plus fort. Et pendant quelques secondes, ils restèrent là à se jauger.

Puis Beau dit très vite :

— Tiens, Ben, tu peux l'avoir.

Il s'en voulait terriblement d'avoir osé tenir tête à son aîné, mais il était trop tard, et il le savait.

Beau se mit à pleurer. Et ils continuèrent de se regarder sans rien dire. Puis Beau s'approcha de Ben et le serra dans ses bras. Et Ben se mit lui aussi à pleurer. Je ne l'avais pas vu verser de larmes depuis longtemps.

Grant et moi, nous suivîmes cette scène sans rien dire. Il n'y avait rien que nous puissions faire. Beau était le grand frère, à présent. Avant même que Ben ait disparu.

Cette nuit-là, quand je couchai Beau, il me demanda :

— Maman, Ben va mourir bientôt, hein ?

Je me penchai au-dessus de lui et lui caressai le front.

— Oui, Beau, peut-être bientôt.

Il fit de son mieux pour étouffer ses pleurs. Il ne voulait pas que Ben l'entende.

— Mais, maman, je ne veux pas qu'il meure. Ben est... spécial.

— Je sais, chéri.

— Maman, j'aimerais que ce soit moi, à sa place.

Cela me fendait le cœur de voir à quel point Beau souffrait, de savoir quel drame il traversait tout seul, alors que Grant et moi étions si accaparés par Ben.

— Ô Beau, mon chéri, ne dis pas ça ! Toi aussi, tu es un petit garçon très spécial. Papa et moi, nous t'aimons tellement !

— Mais Ben est le grand frère.

— C'est vrai, Beau. Mais toi aussi, tu es un grand frère. Pour Aber et Danny. Je sais que Ben veut que tu sois un grand frère pour eux, juste comme il l'a été pour toi. Penses-tu que tu pourrais faire ça pour Ben ?

Beau n'était pas du genre à faire une promesse pour l'oublier sitôt après. Quand il s'engageait à faire quelque chose, il le faisait. Mais Beau ne savait pas s'il serait capable d'une telle chose. Il pleura dans mes bras, secoua la tête une ou deux fois et me répéta encore et encore qu'il ne voulait pas que Ben meure.

Puis, comme il allait s'endormir dans mes bras, il me demanda :

— Maman, si je suis maintenant le grand frère, quand nous irons au paradis, est-ce que Ben sera de nouveau le grand frère ?

— Oui, Beau. Ça plaira beaucoup à Ben.

Le lendemain matin, Ben se réveilla avec des douleurs dans le dos. Il avait une nouvelle éruption de zona. La douleur était tenace, à type de brûlure, au niveau des nerfs rachidiens. Ben en avait déjà souffert à l'hôpital quelques semaines plus tôt. Les médecins n'avaient rien pu faire d'autre que de traiter les symptômes. Et maintenant cette saleté était revenue.

J'appelai Judie Lea. Quand elle me conseilla d'amener Ben à l'hôpital, j'hésitai. Je lui répondis que j'en parlerais d'abord à Grant et que je la rappellerais. Un moment plus tard, après en avoir discuté avec Grant, je lui téléphonai de nouveau.

— Judie, nous avons décidé de le garder ici, lui expliquai-je. Il est trop malade. Il vaut mieux qu'il reste à la maison. Nous voulons rester ensemble.

Je m'attendis à ce qu'elle proteste. Je l'espérais, inconsciemment du moins, car cela aurait signifié que l'hôpital pouvait encore quelque chose pour Ben. Mais elle n'en fit rien. Elle répondit après un bref silence :

— Je comprends, Chris. C'est peut-être préférable, en effet. Mais sachez que nous sommes là, si jamais vous changiez d'avis.

Comme je raccrochais, je me sentis soulagée de ne pas avoir une fois de plus à organiser le retour de Ben à l'hôpital. Ces allées et venues entre Stanford et Carmel nous avaient littéralement épuisés. Il fallait à chaque fois préparer les affaires de Ben, caser pour quelque temps Beau et Aber chez des amis ou des parents, continuer à tenir la maison en ordre, alors que je passais mes journées à l'hôpital.

Tout cela était fini, à présent. Nous n'aurions plus à nous enfermer dans cette chambre isolée. Nous serions ensemble, Ben, Beau, Aber, Danny, Grant et moi, ensemble dans notre maison.

Et soudain je n'avais plus peur, comme la première fois où nous avions ramené Ben de l'hôpital et que je m'étais retrouvée seule ici, effrayée de la responsabilité de prendre soin de Ben.

Je savais quoi faire. Et c'était facile. Il me suffisait d'être une mère pour Ben. C'était tout.

La porte vitrée donnant sur le jardin était ouverte, et je voyais Ben assis sur la marche au soleil. Beau bataillait avec Darcy pour lui arracher une vieille balle de tennis qu'il tenait dans sa gueule.

— Ben ? Judie m'a dit que nous n'étions pas obligés de retourner à l'hôpital !

— Super, maman ! répondit-il.

Ben et moi avons passé beaucoup de temps ensemble durant les semaines suivantes. Le matin, après la douche, il s'allongeait par terre au soleil dans la chambre.

Tout contact lui était douloureux à cause du zona, et les piqûres d'antalgiques étaient douloureuses. Il se plaignait également de douleurs osseuses.

Quelquefois, nous allions à la plage regarder les vagues déferler sur la grève ou observer les otaries jouer dans les brisants.

On s'asseyait dans le sable. On se rappelait les moments passés à la plage avec ses cousins, chez les parents de Grant à San Clemente, les parties de camping en famille, le ski à Park City, la première fois que Beau monta sur un vélo, le premier sourire de Danny.

Cela me bouleversait d'entendre Ben se remémorer tous ces moments. Il les décrivait avec tant de vivacité que j'avais l'impression que nous les revivions. Puis je me tournais vers lui et voyais son visage, et la réalité revenait dans toute sa cruauté.

Ben me montra en ces heures-là qu'il ne se souvenait que des bons moments de sa vie. J'avais le sentiment qu'il m'exhortait à ne garder que les meilleurs souvenirs et à ne pas regretter que le présent fût aussi sombre.

Le temps que nous passions ensemble s'écoulait, serein. Je n'avais plus ce bourdonnement dans les oreilles, comme un grésillement de néon, ce bruit qui s'était déclenché quand le docteur Glader m'avait appris que Ben avait le sida. Il ne m'avait pratiquement plus quittée. A présent, il avait disparu.

Ce bourdonnement était celui de la peur. Il disparaissait avec elle, faisait place à une paix mêlée de tristesse.

Le 28 juin, Ben fêta son neuvième anniversaire.

Je me souvenais de son premier. Comment aurais-je pu l'oublier ? Nous étions à l'une de ces réunions de la famille Oyler à Lake Tahoe, et c'était le premier anniversaire d'un petit-fils Oyler. Grant avait tenu Ben dans ses bras pour l'aider à souffler sa bougie. Ben n'avait alors aucune idée de cet enthousiasme collectif, si ce n'est qu'il en était manifestement la cause. Il riait de ce petit rire contagieux qui était le sien, et nous lui faisions écho.

Pour ses deux ans, il avait voulu un cake comme il en avait goûté dans une pâtisserie de Sesame Street. Je préparai moi-même le gâteau qu'il tint pour le meilleur jamais fait, et il en parla pendant des mois.

Chaque année, les anniversaires des garçons donnaient lieu à des fêtes familiales. Dans sa sixième année, Ben tomba amoureux des tartes au citron, *avec meringue*, précisa-t-il toujours.

Pour ses neuf ans, nous invitâmes maman et Ralph. Bien entendu, je fis une tarte au citron et une crème glacée à la vanille.

Quand les bougies furent allumées, Grant aida Ben à venir nous rejoindre dans le salon.

Il marchait comme un vieil homme, en se penchant légèrement à gauche, pour soulager le côté qui lui faisait le plus mal. Son corps avait commencé à retenir l'eau, et ses joues, ses paupières et son front étaient plus enflés que d'habitude. Le temps qu'il parvienne jusqu'au salon, il était hors d'haleine.

— Joyeux anniversaire, Ben ! cria Aber.

Nous chantâmes *Joyeux Anniversaire* et, avec notre aide, Ben souffla les bougies. Il goûta à la meringue, donna une cuillerée de crème à Danny et demanda à Grant de le reconduire dans sa chambre.

Il dormit tard le lendemain matin.

Maman et Ralph attendirent qu'il se lève pour lui dire au revoir. Maman demanda à Beau et à Aber s'ils voulaient venir avec eux.

— Non, merci, grand-maman, dit Beau en l'embrassant. Je veux rester avec Ben.

— Et moi, je peux venir tout seul ? demanda Aber.

— Bien sûr, si cela te fait plaisir.

Ben, assis sur le canapé, observait la scène avec une étrange attention. Sa grand-mère vint vers lui pour lui dire au revoir.

— Je regrette de ne pas pouvoir partir avec toi, grand-maman, juste une fois de plus, dit-il.

— Ô Ben, tu sais combien j'aimerais t'emmener ! dit-elle.

— On s'embrasse ? dit-il.

Ma mère le serra contre elle, et Ben lui rendit son étreinte avec une force qui me surprit. Je vis les yeux de ma mère s'emplir de larmes. Elle savait que Ben souffrait de ne pouvoir l'accompagner. Elle savait également qu'ils se disaient au revoir pour la dernière fois.

— Je t'aimerai toujours, grand-maman, dit Ben.

— Moi aussi, Ben, je t'aimerai toujours. Souviens-toi, c'est toi qui as fait de moi une grand-mère.

Ben se tourna vers Ralph.

— Je t'aime toi aussi, grand-papa, lui dit-il en lui tendant les bras. Au revoir.

Ralph eut toutes les peines du monde à se retenir de pleurer jusqu'à ce qu'ils soient dehors.

Les parents de Grant vinrent le lendemain. Grand-maman Oyler tint compagnie à Ben dans le jardin où il prenait le soleil. Et, dans la soirée, Grant et son père lurent quelques Ecritures à Ben.

Ben aimait ses grands-parents. Quand ils partirent, il les regarda s'éloigner de la fenêtre du salon. Puis il s'appuya contre le radiateur avec un air de tristesse comme je ne lui en avais encore jamais vu.

Je m'approchai de lui mais résistai à la tentation de le serrer dans mes bras.

Il ne dit rien. Il s'appuya seulement contre moi, leva un bras et posa sa main sur mon cou. C'était sa façon à lui en ces derniers jours de me dire : « Je t'aime. »

Le lendemain, la directrice du service de soins à domicile passa à la maison pour voir comment ça allait. Nous avions des infirmières vingt-quatre heures sur vingt-quatre, maintenant. Je crois que l'une d'elles avait dit à Ben qu'il approchait de la fin.

La directrice me demanda si nous avions besoin de quelque chose en particulier.

J'hésitai un instant puis lui demandai :

— Avez-vous déjà assisté des mourants ?

— Oui, me dit-elle. Cela m'est arrivé.

— Comment... Que ressentent-ils ?

Elle commença par me dire qu'elle avait parlé avec de nombreux malades qui avaient été près de mourir mais qui avaient été ramenés à la vie, et ils lui avaient presque tous décrit la même expérience.

— Ils disent qu'ils se sont sentis envahis d'une espèce de chaleur, et qu'ils avaient l'impression que leur esprit quittait leur corps. Tous m'ont parlé d'une lumière. Certains disent que c'est une lumière au bout d'un tunnel, d'autres que cette lumière brille dans le coin de la chambre, mais il y a toujours une lumière pour les guider, les accueillir... Ils se sentent déchirés. Ils veulent aller vers cette lumière, mais ils hésitent à quitter les gens qu'ils aiment. La meilleure chose que vous puissiez faire pour Ben, c'est de lui dire qu'il peut s'en aller... que vous êtes d'accord pour qu'il aille vers la lumière et que vous l'aimez.

10

« Va vers la lumière »

Les jours s'écoulaient. Le journal continuait d'arriver chaque soir. Et la météo continuait de prédire le temps qu'il ferait le lendemain.

Le temps. J'aurais voulu pouvoir l'arrêter. Arrêter jusqu'au soleil dans le ciel. Dans trois jours, ce serait le 4 juillet.

Depuis deux semaines, maintenant, depuis que nous avions décidé de ne pas retourner à l'hôpital, Grant et moi réservions deux ou trois heures chaque après-midi pour Ben, et lui seul. Beau allait jouer avec ses camarades. Aber était chez ma mère.

Et, pendant ces moments, nous avions le sentiment d'avoir reformé le cercle initial, comme au temps où nous étions tous les trois, Grant, Ben et moi. A cette différence que nous savions combien ce cercle serait éphémère.

Nous allions nous asseoir dans sa chambre de petit garçon, remplie de modèles réduits et de posters, et nous jouions à un jeu, lisions une histoire ou bavardions. Ce qui importait, c'était d'être ensemble.

— Maman, à ton avis, comment Jessica occupe-t-elle ses journées au paradis ?

— Je ne sais pas, Ben, mais je suis sûre qu'elle y est très heureuse... Tu as beaucoup pensé à elle tous ces temps-ci, hein ?

— Oui.

— Tu sais, quand tu iras au paradis, tu trouveras Jessica guérie, dit Grant. Elle sera comme tous les autres gens. Tous ceux qui étaient malades sur terre ne le sont plus une fois là-haut. Il n'y a ni maladie, ni douleur, ni misère au paradis.

— Alors, quand oncle Scott mourra, il pourra voir de nouveau ?

— Oui, Ben. Il pourra enfin voir comment tu es, dis-je.

— Tu ne seras pas seul là-haut, Ben. Il y aura plein de gens pour t'accueillir. Tu te souviens de grand-père Boyle ?

— Bien sûr. Il me faisait toujours rire... Papa, est-ce qu'on a le droit de rire au paradis ?

Grant et moi, nous ne pûmes nous retenir de rire malgré la gravité de notre conversation.

— Bien sûr, Ben. Dieu le Père a certainement le sens de l'humour. Je suis persuadé qu'il doit aimer les rires, dit Grant.

— Tu sais, à vrai dire, nous ne savons pas très bien quelles sont les règles là-haut, ajoutai-je. Tu seras le premier de la famille à monter au Ciel, mais est-ce que tu peux me promettre que si jamais tu en avais la possibilité, tu redescendrais pour nous dire comment c'est ?

Ben me regarda en se demandant si je plaisantais ou pas.

— D'accord, maman, je te le promets, me dit-il en souriant.

Ben souffrit beaucoup cette nuit-là. Les calmants que nous lui avions donnés ne semblaient pas avoir d'effet. Quand Grant et moi allâmes nous coucher, j'entendis l'infirmière de garde cette nuit-là ouvrir l'armoire à pharmacie, puis ces bruits que je connaissais si bien tandis qu'elle préparait sa potion. Je ne dormis guère. Elle répéterait plusieurs fois l'opération.

Ben ne ferma pas l'œil de la nuit, mais il dormit durant toute la matinée. Son visage portait la marque de ses misères nocturnes.

J'appelai Judie pour lui dire que nous devions augmenter les antalgiques. Mais elle me mit en garde contre des doses trop fortes : elles risqueraient de provoquer un étouffement. Finalement elle consulta le docteur Glader et me rappela pour me dire que nous pouvions augmenter les doses d'une minuscule fraction toutes les heures. De cette façon, me dit-elle, nous parviendrions sans trop de risques à juguler la douleur.

La maison était silencieuse tandis que Ben dormait. « Ce sera comme ça quand il ne sera plus là, quand son âme nous aura quittés », pensai-je.

— Chris, j'ai pensé à appeler Ralph pour lui demander s'il ne pourrait pas faire le cercueil lui-même, me dit Grant. Qu'en penses-tu ?

Je réfléchis à cela. Depuis que Ben était petit, Ralph avait passé des jours et des jours dans son atelier avec lui. Ils avaient construit des abris pour les oiseaux, poncé des chevaux de bois.

— Ben ne pourrait souhaiter mieux, dis-je. Et Ralph sera tellement touché de pouvoir faire ça pour lui. Oui, appelle-le.

Grant eut ma mère au téléphone et il lui demanda si elle pensait que Ralph pourrait faire cela.

— Je vais le lui demander, dit-elle.

Grant les entendit qui discutaient :

— Tu sais ce que les enfants nous demandent, Ralph ? Que nous prenions Ben dans nos bras quand il mourra, comme nous le faisions quand il était vivant.

Ralph vint au téléphone. Il était très ému. C'était là une tâche bien pénible pour un grand-père que de construire le cercueil de son petit-fils. Il déglutit avec peine et répondit :

— J'y mettrai tout mon cœur. Quel bois voulez-vous ?

— Du pin, dit Grant. Quelque chose de simple.

Ralph acheta le bois et se mit au travail le jour même.

Quand Ben s'éveilla dans l'après-midi, il se sentait mieux, mais je voyais bien qu'il était à bout de forces.

— Papa ? demanda-t-il. Pourrais-tu donner ça à grand-papa Oyler ?

Je suivis son regard. Il parlait de la voiture de course en bois qui avait remporté la course du Bois de Pin.

— Bien sûr, Ben, répondit Grant.

Je vis Ben regarder d'un air songeur certains de ses jouets qui traînaient dans la chambre.

— Ben, sais-tu ce qu'est un testament ? lui demandai-je.

Il secoua la tête négativement.

— Eh bien, beaucoup de gens, avant de quitter cette terre, distribuent ce qu'ils possèdent aux gens qu'ils aiment et à qui ils veulent laisser un souvenir. Ils notent donc par écrit tous leurs dons, et ils signent ce document, qu'on appelle un testament. Tu aimerais faire cela ?

Il hocha la tête.

— Si tu veux, je te désignerai ce qu'il y a dans ta chambre, et tu me diras à qui tu veux le donner, proposa Grant.

Grant nota donc par écrit ce que léguait Ben. Pour chacun il avait quelque chose. La superbe Jeep électrique offerte par la fondation « Faites-Un-Vœu » alla à Aber.

Son portefeuille avec une centaine de dollars d'économies, il le légua à Jaap. « Pour ses études. »

Et il y eut quelque chose pour ses grands-parents, ses frères, ses cousins.

Je pleurais tandis que je notais de mon côté chaque article sur le journal de Ben. Et Grant essuyait de temps à autre une larme du revers de sa main en faisant en sorte que Ben ne le voie pas. Nous ne pouvions nous empêcher de pleurer en entendant Ben se séparer de toutes ces choses qu'il avait aimé posséder.

— Je... je ne veux pas que vous soyez tristes... d'accord ?

Il avait une voix rauque, profonde. Grant et moi nous regardâmes. Ce n'était pas tout à fait l'image que nous voulions donner à Ben. Nous avions tenu bon jusque-là, et ce n'était pas le moment de flancher, si près du but. Pas maintenant.

— D'accord, Ben, répondis-je. Mais tu nous manqueras tellement, tu sais ?

— Vous aussi, vous me manquerez, dit-il.

Je me penchai vers lui et l'embrassai.

— Maman, tu n'as jamais vendu mon vélo, hein ?

Il avait raison. Je ne l'avais pas fait. J'avais espéré qu'un jour... peut-être...

— Marque, maman. Je donne mon vélo à Beau.

Quand nous eûmes fini, Ben signa son testament, daté du 2 juillet 1986. Sa signature était celle d'un enfant mais son écriture celle d'un vieil homme à la main tremblante.

Dans la soirée, Ben sentit une odeur de popcorn dans la cuisine, et il demanda qu'on le sorte de sa chambre. L'infirmière l'emmena donc dans le salon où il resta pendant un moment à grignoter du pop-corn devant la télé en compagnie de Beau, comme si c'était là l'occupation la plus banale.

Mais, dans la nuit, j'entendis la porte de l'armoire de la pharmacie s'ouvrir et se refermer toutes les heures.

— Il a souffert toute la nuit, me rapporta l'infirmière au réveil.

Je restai avec Ben pendant la matinée, tandis que nous augmentions les doses de calmants.

Elles agissaient pendant une demi-heure, puis je lui massais les bras et les jambes pour le distraire de sa douleur jusqu'à ce qu'il soit l'heure d'une nouvelle dose.

J'avais plus de mal que prévu à respecter ma promesse que la mort ne serait pas douloureuse.

Ce ne fut que dans la nuit du mardi que l'augmentation des doses commença à faire son effet. Nous étions seuls dans la chambre, Ben et moi. Et on ne percevait que le chuintement de sa perfusion.

— Le voile devient de plus en plus mince, n'est-ce pas, Ben ?

Il hocha la tête pour me signifier qu'il avait compris ma question.

— Est-ce que ça... me fera mal, maman ?

Je lui caressai le front et l'embrassai.

— Non, Ben. Ça ne fera pas mal. Je te le promets... Tu n'as plus à avoir peur, maintenant. Tu auras l'impression de rentrer à la maison après un long voyage. Bien sûr, ce ne sera pas la même maison, mais tu t'y sentiras bien, comme si tu étais chez toi.

» Et... et, tu sais, Benny, avant même que tu t'en rendes compte, nous serons tous là avec toi. Papa, Beau, Aber, Danny, moi. Tous. Tu n'auras pas le temps de cligner de l'œil que nous te rejoindrons, les uns après les autres. Je te le dis, même pas le temps de cligner de l'œil.

— Je... t'aime... maman, dit-il d'une voix faible.

Il ferma les yeux, et je restai assise au bord du

lit, à contempler son visage et à caresser ses cheveux.

« Ben, je ne sais pas ce que je vais faire sans toi. Je sais bien que nous ne faisons que passer sur terre. Mais pourquoi nous quitter si tôt ? Aurais-tu déjà appris ces leçons de la vie que le reste d'entre nous met des années à apprendre ? Ou bien... Dieu a-t-Il besoin de ta présence aux Cieux ? Te destine-t-Il à quelque mission divine que nous ignorions ? »

Je pris la main de Ben dans la mienne et je la portai à mes lèvres pour l'embrasser doucement. Je remarquai alors que ses doigts avaient une teinte bleuâtre. J'avais entendu dire que la mort vous envahissait d'abord par les mains et les pieds.

— C'est proche, n'est-ce pas ? murmurai-je à l'infirmière, quand elle arriva quelques minutes plus tard.

— Oui, répondit-elle. Ce soir, peut-être, ou demain. C'est difficile à dire.

J'en informai Grant. Il vint dans la chambre de Ben, qui avait rouvert les yeux.

— Ben... commença de dire Grant, je voulais te dire que... que j'étais fier de t'avoir pour fils...

Son visage ruisselait de larmes.

— J'ai essayé d'être un bon père pour toi, de te montrer ce qui était bien et ce qui était mal. Mais c'est toi qui me l'as appris. Je voulais que tu saches cela. Et tu m'as appris bien d'autres choses encore. Comment apprécier la vie ici-bas. Comment avoir la foi, et surtout comment ne jamais la perdre, même quand on a beaucoup prié pour que s'accomplisse un miracle, et que notre prière n'est pas entendue, du moins pas de la façon qu'on attendait.

— Papa... papa, tu n'es pas obligé de... je sais...

Mais Grant continua. Il ne pouvait plus s'arrêter de pleurer, même devant Ben.

— Tu sais, Ben, j'ai toujours voulu être papa. Toute ma vie. Depuis que j'étais un petit garçon comme toi. Puis je me suis marié avec maman, et nous t'avons eu, Ben. Nous étions tellement heureux ! Tu étais si mignon, et nous étions fous de bonheur de t'avoir. Je rêvais à toutes ces choses que nous pourrions faire ensemble... et maintenant, il me semble que nous n'en aurons pas l'occasion, du moins sur cette terre.

» Tu me manqueras, Ben. Tous les jours. Tu me manqueras. Et maman pensera aux fleurs que tu lui offrais et aux lettres que tu lui écrivais. Et tu manqueras aussi à Beau et à Aber. Tu nous manqueras à tous, Ben.

» Mais même si tu dois nous manquer beaucoup, Ben, nous ne t'en voulons pas de nous quitter pour le paradis. Nous ne t'en voulons pas du tout. Mais je ne pouvais pas te laisser partir sans te dire... combien je t'aimais et combien tu me manqueras. Et c'est normal que des gens qui s'aiment souffrent quand l'un d'eux s'en va. C'est la vie.

» Je ne veux pas que tu t'inquiètes à notre sujet. Ça ira pour nous, comme ça ira pour toi. Tu ne souffriras plus. Nous comprenons que tu t'en ailles, Ben. Nous l'acceptons, où que tu ailles...

Grant se pencha sur Ben, et Ben lui passa les

bras autour du cou et l'attira contre lui. Il pleurait.

— Je t'aime, papa, dit-il. Je t'aime... je t'aime.

Grant embrassa Ben et quitta la pièce.

Il ne pouvait plus rester dans la chambre. Et moi j'avais peur que Ben ne rende le dernier soupir sans que je sois là.

Je restai auprès de lui. Je savais que je serais la dernière à lui dire au revoir. Nous nous sommes regardés pendant longtemps, sans dire un mot. Puis Ben me serra la main. Il ferma les yeux et finit par s'endormir. Les calmants agissaient enfin. Et je sus que j'avais tenu ma promesse.

« Combien de temps s'était-il passé depuis ce jour où nous t'avions ramené à la maison et où tu avais dressé cette liste de toutes les choses que tu aimerais faire ? Plus d'un an. Mais tu as eu tout ce que tu voulais, Ben. La réunion Oyler. Ton baptême. Une nouvelle maison. L'école. Je sais que tu voulais aller à l'école, Ben, mais n'était-ce pas surtout pour t'y faire de nouveaux amis ? Et tu as rencontré Jaap. Il a été ton ami.

» Jessica était également sur ta liste, mais tu ne tarderas plus à la revoir. Quand le voile se lèvera, je suis sûre qu'elle sera là-bas, de l'autre côté, à t'attendre. Elle t'aidera, Ben, tout comme tu l'as aidée.

» Tu vois que tes vœux ont finalement été exaucés ?

» Oui, tu as même eu un petit frère. Danny te

ressemble beaucoup. C'est vraiment Dieu qui nous en a fait présent.

» Ton père et moi aussi, nous avons eu ce que nous voulions. Du temps. Du temps pour t'apprendre à être courageux. Du temps pour qu'on puisse tous ensemble affronter du mieux possible notre malheur.

» Du temps pour être avec toi et t'aimer et te voir grandir à l'intérieur, dans ton âme.

» Si je n'avais pas eu le temps de sentir toute la force qu'il y a en toi, Ben, je ne sais pas si j'aurais pu prier pour que ton âme soit libérée de ton corps. Je ne sais pas si j'aurais pu y parvenir.

» Je n'aurais pu rester assise là, à te regarder. Rêves-tu, Ben ? Que vois-tu dans tes rêves, maintenant ? Regardes-tu en arrière ou bien devant toi ?

» Ô Ben, comme tu me manqueras !

» Mais je n'ai pas peur... n'est-ce pas ?

» Je pleure, mais je suis forte. Je dois pleurer, Ben. Je suis ta mère, et rien ne pourrait me faire plus de mal que de te perdre. Tu es une partie de moi. Et quand tu partiras, une partie de moi s'en ira avec toi. Une partie de moi me manquera, dussé-je vivre cent ans.

» Je sens déjà la douleur monter en moi et me nouer la gorge. Quand tu ne seras plus là, Ben, je me souviendrai de ton courage et j'en tirerai la force nécessaire pour poursuivre ma tâche.

» Je n'aurais jamais pensé que ma foi résisterait à cette épreuve. C'est encore grâce à toi, Ben, qu'elle aura survécu. Elle est toujours là pour me réconforter.

» Après tout, ton père avait raison. Les miracles se produisent vraiment. »

Ben se réveilla en sursaut avant minuit.

— Où est Beau ? demanda-t-il.

— Il dort dans l'autre chambre. Veux-tu que j'aille le réveiller ?

Il ne me répondit pas.

— Où est Aber ?

— Chez grand-maman.

— Et Danny ?

— Dans son berceau.

Il referma les yeux et se rendormit.

L'infirmière entra et me dit que je ferais mieux de prendre moi-même un peu de repos.

— Vous aurez besoin de vos forces, me dit-elle.

Finalement je suivis son conseil et allai me coucher, la priant de me réveiller s'il se passait la moindre chose.

Deux des garçons qui travaillaient le bois avec Ralph se portèrent volontaires pour l'aider à faire le cercueil. Ils travaillèrent des heures durant, ne sachant pas combien de temps il leur restait.

Il était deux heures du matin, vendredi, quand ils donnèrent la dernière couche de vernis. Epuisé, Ralph se mit au lit, et il dormait déjà quand Aber fit irruption dans leur chambre.

— Grand-maman ! Grand-maman ! cria-t-il. Il y a un petit fantôme dans ma chambre.

— Allons, Aber, mon chéri, tu as rêvé.

Mais Aber secoua énergiquement la tête.

— Non, grand-maman, j'ai vu un vrai fantôme !

— D'accord, je te crois... mais veux-tu que je vienne dormir avec toi ?

Aber accepta volontiers la proposition, et ils s'en furent tous deux dormir dans la chambre d'ami, où Aber était installé.

— Tu vois, Aber ? dit ma mère quand ils se furent recouchés, il n'y a pas de fantôme.

— Il y en avait un, grand-maman. C'était Ben. Il est entré et m'a dit qu'il ne ferait plus peur à personne parce qu'il ne lui restait qu'un seul jour à passer sur terre. Il m'a dit qu'il m'aimait, et que je lui manquerais beaucoup.

Il était presque cinq heures du matin quand Ben se réveilla.

L'infirmière nous appela.

Quand nous entrâmes dans sa chambre, Ben avait refermé les yeux. Je m'assis à sa droite, tandis que Grant prenait place de l'autre côté. Je passai mon bras autour des épaules de Ben et lui chuchotai à l'oreille :

— Ben, papa et maman sont là, et nous t'aimons, Ben. Nous t'aimons beaucoup.

Je le sentais tendu dans mes bras, comme s'il ne savait pas ce qu'il était censé faire.

— Tu nous manqueras, Ben... tu nous manqueras...

Son corps se relâcha légèrement.

— Ben, vois-tu une lumière ? Une bonne et douce lumière ? Suis-la. Elle est là pour toi, Benny. Elle te montrera le chemin...

Il se relâcha encore, et je sentis qu'il s'était enfin libéré de toute douleur. Sa main s'ouvrit, paume ouverte. Instinctivement je m'en emparai, comme je le faisais quand il était petit, comme pour l'empêcher de tomber.

Puis, aussi vite qu'elle m'avait prise, la peur me quitta.

Je m'adossai à la tête de lit, tout contre l'épaule de Grant, Ben entre nous deux. La chambre semblait remplie de sa présence. Il était partout autour de nous, indiciblement rempli d'amour. Il s'attardait à nous dire au revoir. A nous dire de ne pas nous inquiéter, qu'il n'y avait pas lieu d'avoir peur.

« Va vers la lumière, Ben.

» Va vers la lumière. »

ÉPILOGUE

J'ai dit au début qu'aider Ben à mourir serait la tâche la plus dure. Je sais aujourd'hui que je me trompais. Le plus dur fut, de loin, d'apprendre à vivre sans lui.

Ben mourut le 4 juillet 1986.

Le lendemain, le premier jour depuis neuf ans passé sans Ben, ne fut qu'un long vide affreux. Je restai assise sur son lit qui portait encore son odeur, à me rappeler son visage, ses gestes.

Nous ne voulûmes pas d'un enterrement classique pour Ben. Nous désirions quelque chose qui reflétât notre famille, qui symbolisât la vie. Aussi, au lieu d'un fourgon mortuaire et d'une grande limousine noire, nous décidâmes de charger le cercueil de Ben dans notre van blanc Toyota. « Ben O » était gravé sur le couvercle du petit cercueil de bois blanc. A l'intérieur, grand-père Ralph avait placé la petite baleine de bois que Ben aimait tant. Grand-mère Oyler s'était chargée du capitonnage de satin blanc.

Les cousins de Ben, Brett, Joey, Sam, Mike, et mes frères, Scott et Randy, et les frères de Grant, Richard et Brian, portèrent le cercueil à l'intérieur de la chapelle.

Le soleil entrait à flots par les vitraux. La chapelle était remplie de fleurs et de gens qui avaient aimé Ben et étaient venus lui faire leurs adieux.

Grand-père Oyler dit l'oraison, où il fut surtout question de courses de voitures en bois et d'amour pour une petite fille nommée Jessica. Et Grant parla brièvement mais avec force et fierté de son fils.

A la fin, nous chantâmes le chant préféré de Ben, *Les familles sont éternelles*. Chacun dut consulter son recueil de cantiques après le premier couplet. Ben était le seul à le savoir entièrement par cœur.

Ben fut enterré sous un grand chêne en haut d'une colline ensoleillée. Mon père, Bill Eckholdt, prononça un dernier hommage. Quand on descendit le corps de Ben en terre, Beau et Aber se penchèrent pour regarder dans le caveau où reposait le cercueil.

Je me souviens de leurs visages tristes et graves. Beau fut le dernier à détourner les yeux.

•

Je savais que je devais ranger les affaires de Ben, disposer de tous ses médicaments et de ses vêtements.

Mais il m'était douloureux d'ouvrir son armoire. Pendant longtemps, Grant et moi, nous avons évité de faire certaines choses qu'aimait particulièrement Ben. Même encore aujourd'hui, Grant joue rarement au golf. Nous sommes allés dernièrement en vacances. Nous avons pris des photographies, et j'ai mis longtemps à les faire développer, car il m'était pénible de savoir que je n'y verrais pas la silhouette familière de Ben, son visage souriant.

Pendant des mois, je me sentis comme incapable d'accomplir les tâches les plus simples. Je vivais dans un état de confusion qui me faisait dresser six couverts à table. Et si une personne étrangère me demandait alors combien d'enfants j'avais, je répondais quatre avant de réaliser ce que je venais de dire.

J'aimerais dire que j'ai trouvé assez de réconfort auprès de mon mari et de mes autres garçons. Mais cela ne fut pas tout à fait le cas, du moins au début. Il y avait un tel vide en moi que personne ne pouvait m'aider. Mais je compris peu à peu que je devais en quelque sorte reconnaître dans tous les sens du terme mes enfants et mon mari. Nous avions appris ensemble à faire face au pire, appris à nous aimer malgré les larmes. Nous devions maintenant vivre de nouveau ensemble, quand le réveil sonnait le matin et qu'une journée remplie s'annonçait.

Nous sommes une nouvelle famille, maintenant. Nous avons un autre fils aîné, de même qu'un benjamin qui connaît le nom de Ben mais qui ne saura jamais vraiment combien Ben l'aimait. Quand il nous entendit parler de Ben il y a quelques mois, il leva sa petite main et dit :

— Parti, Ben.

Le redémarrage fut particulièrement difficile pour Beau. Après la mort de Ben, il eut pendant des mois d'énormes difficultés à dormir. Son sommeil était troublé par des cauchemars. Il ne se considère pas encore comme l'aîné. Là où Ben se montrait réfléchi, Beau est impulsif, direct. La perte de son frère fut certainement une épreuve très pénible pour lui, mais il semble qu'il en tirera des bénéfices sur le plan de la sensibilité.

A ma grande joie, je découvris un jour que Beau avait un talent pour les arts. Et puis, de même que Ben fut le meneur dans les réunions de la famille Oyler, Beau est à présent le chef de bande de tous les enfants Eckholdt. Car ma famille s'est rapprochée de nouveau, après la mort de Ben. Mon père m'appelle de temps à autre, et nous bavardons comme par le passé.

Grant réagit à la mort de son fils en travaillant deux fois plus. Ses affaires vont bien. Je suis fière de lui. Quand notre pasteur, le docteur Rasband, s'est retiré, Grant a été choisi par notre communauté pour lui succéder. Les gens viennent à lui pour chercher un réconfort ou demander un conseil, comme ils le faisaient avec le docteur Rasband. Grant a su gagner leur confiance, et on dit de lui qu'il est d'une grande compréhension.

Ma mère, qui nous avait tant soutenus durant notre épreuve, perdit un fils peu de temps après la disparition de Ben. Mon frère Scott mourut en effet de complications dues à son hémophilie, et nous l'avons enterré à côté de Ben. Comme Ben le disait, Scott ne serait plus aveugle. Je suis sûre qu'ils ne doivent plus se quitter, ces deux-là.

Quant à moi... je dois apprendre à être moi-même de nouveau. J'avais fini par oublier ce que j'étais avant la maladie de Ben. Je ne me souvenais plus de ce que j'avais l'habitude de faire, ni des mots que j'employais, ni de ce que les gens attendaient de moi, avant que Ben ne soit condamné. Me savoir « mère » ne suffisait pas à me redonner une identité : ma confiance en ce rôle-là avait trop souffert.

Au début, je pus m'absorber dans des occupations qui tournaient autour de Ben. Il y eut la feuille de bronze à graver à son nom et à accrocher à l'arbre du souvenir dans le hall du foyer Ronald McDonald. Il y eut la pierre tombale sur laquelle nous fîmes graver « Va vers la Lumière » en haut, et « Les familles sont éternelles » en bas.

Mr. Infelice, le président du conseil d'administration qui avait refusé l'entrée de Ben dans son école, m'invita à faire partie du comité d'information sur le sida qui faisait campagne dans les établissements scolaires de Californie. Interviewé par *Newsweek*, il déclara un an après la mort de Ben qu'il regrettait sa décision d'alors et agirait différemment désormais.

Quand j'en eus terminé avec ces tâches liées à Ben, je ne pus différer plus longtemps la nécessité de réintégrer ma famille.

Je commençai par dresser une liste qui portait en titre : « Ce qui te ferait plaisir ». Je retrouvai ainsi le goût des choses que j'avais aimées. Toutefois, ma métamorphose ne fut complète que ce jour où nous revenions en voiture d'un séjour en montagne. Je regardai autour de moi et ne vis que des visages souriants. Le ciel était bleu, le soleil chaud, tout était beau et bon.

La conscience que tout allait bien me procura soudain un indicible confort. Je savais que je passerais le lendemain en compagnie de trois adorables petits garçons avec des taches de rousseur sur le visage et d'un mari qui m'aimait. Et le petit nuage noir, celui qui stationnait au-dessus de notre maison depuis le jour où Ben était tombé malade, disparut comme par enchantement.

Bien sûr, je n'ai jamais cessé de penser à Ben. Il n'est plus là, mais je suis toujours sa mère.

Quand une femme perd son mari, elle devient « veuve ». Pourquoi, me demandai-je, n'y a-t-il pas de mot pour une femme dont l'enfant est mort ? Je suppose qu'on ne cesse jamais d'être une mère... même quand votre enfant a disparu. C'est comme si vous le portiez toujours en vous, et que cet amour que vous éprouviez, étant enceinte, ne peut disparaître comme ça, sans laisser de trace.

Je sais, parce que je suis une mère, que la vie ne finit pas. Elle peut changer. Elle peut prendre un nouveau tournant. Mais elle ne s'achève jamais.

Je sais que Ben est toujours vivant... dans ce lieu d'où la lumière est venue. Je me demande à quoi ressemblent ses journées, si toutefois une telle chose existe là-bas. J'espère que ce que nous lui avons appris lui aura été utile.

Ben m'est apparu une fois, dans un rêve. Il était plus grand, plus âgé, comme s'il n'avait jamais été malade. Il se tenait au milieu d'une foule, et j'allai vers lui. Mais comme j'ouvrais mes bras pour l'attirer contre moi, il recula et me dit :

— Maman, ne sais-tu pas que tu ne peux pas me toucher, ici ?

Je ne sais pas comment j'aurais pu surmonter la perte de Ben si je n'avais pas eu foi en Dieu. Notre foi, à Grant et à moi, est plus forte aujourd'hui. Ce que nous avions cru auparavant dans nos têtes, nous le croyons maintenant dans nos cœurs.

Un jour je reverrai Ben. Je le sais. Tout comme je sais que notre famille sera de nouveau réunie. Mais, comme vous le dirait Ben, cela ne signifie pas que je ne donnerais pas ma vie pour une étreinte.